Ansgar Hörsting · Arndt Schnepper

Das FeG-Buch

Profil und Perspektiven der
Freien evangelischen Gemeinden in Deutschland

SCM Bundes-Verlag

Inhaltsverzeichnis

5 Editorial

Unser Profil **6-25**
Wir sind frei, evangelisch und Gemeinde

26-43 **Wege durch die Zeit**
Wie 1854 alles beginnt
FeG-Zeitspuren

Gemeinsam unterwegs **44-59**
Die Bundesgemeinschaft
Gemeinschaft erleben
Füreinander beten
Gaben investieren
Miteinander entscheiden
FeG International
Aufeinander zugehen

60-91 **Schritte gehen**
Das Bundeshaus und seine Arbeitszweige
Inland-Mission
Theologisches Seminar Ewersbach
Allianz-Mission
Diakonische Werke und Initiativen
SCM Bundes-Verlag
Spar- und Kreditbank

Unsere Perspektiven für die Zukunft **92-107**

108-123 **FeG-Porträts**

FeG-Lieder
FeG-Adressen **124-126**

Profil und Perspektiven

Es gibt beides: Kirchen, die so vergangenheitsbezogen sind, dass sie ihre Tradition einfrieren und niemand daran rütteln darf, aber auch solche, die sich gebärden, als begänne mit ihnen erst die Kirchengeschichte. Die einen setzen auf die bewährten Wege der Vergangenheit, die anderen auf faszinierende Zukunftsvisionen. Wer von beiden liegt richtig? Sie ahnen es: Beide liegen daneben. Pendeln wir uns also auf die Mitte ein? Nein, auch das wäre keine Lösung.

Schließlich ist beides wichtig: Wer vergisst, wo er herkommt, und ausschließlich nach vorn sieht, lebt entwurzelt und treibt orientierungslos umher. Wer dagegen nur rückwärtsbezogen lebt, kommt nicht weiter und verliert selbst das, was er hat. Erinnern und Vorausschauen sind keine Gegensätze. Das gilt gerade dort, wo Menschen mit Gott unterwegs sind. Das Alte Testament zeigt das. Der Blick auf den Weg Gottes in der Vergangenheit und in der Zukunft sollte das Leben Israels bestimmen.

In diesem Buch geht es um das Profil und die Perspektiven eines Gemeindebundes. Über 400 Gemeinden gehören dazu, und sie sind außerordentlich verschieden. Wie hat es mit ihnen angefangen, und was davon ist zukunftsweisend? Wie gestalten sie heute ihr gemeinsames Leben, und was davon sollte in der Zukunft ihr Leben bestimmen? Das ist das Thema der folgenden Seiten.

Ob Sie zu einer Freien evangelischen Gemeinde gehören oder ob Sie diese Gemeinden und ihren Bund erst einmal kennenlernen wollen, genießen Sie das Buch und fragen Sie sich, was die folgenden Perspektiven für Ihr Leben bedeuten könnten.

Das FeG-Buch enthält auf den folgenden Seiten verschiedene FeG-Zitate, die typisch für Glaube und Leben der Freien evangelischen Gemeinden sind. Weitere Informationen zu den Autoren enthalten die FeG-Porträts.

Ansgar Hörsting
Präses des Bundes Freier evangelischer Gemeinden

Unser Profil

Wir sind frei, evangelisch und Gemeinde

Ansgar Hörsting

> Was für Gemeinden und Versammlungen möchten wir sein? Biblische Gemeinden, den biblischen ähnlich! Das heißt, nicht fehlerfrei, nicht makellos, nicht ohne Kampf, nicht ohne Schwäche. Nicht wollen wir zunächst schöne Gemeindeparagraphen überladen mit Bibelstellen. Wir wissen, nur das tägliche Nehmen aus Christi Fülle kann das Mitglied und die Gemeinschaft biblisch gesund erhalten.
>
> FeG-Zitate – Nr. 1 – Gustav Ischebeck

„Was ist das eigentlich für eine Gemeinde, in die du da gehst?" Vielleicht haben Sie die Frage schon einmal gehört, vielleicht selber gestellt. Manchmal höre ich sie fast zögerlich, weil mein Gesprächspartner meint, sie offenbare eine klaffende Lücke in der Allgemeinbildung. Dabei sind wir ein eher kleines Gewächs in Gottes Garten und deswegen nicht so bekannt. Also nur Mut. Wahrscheinlich haben Sie Menschen kennengelernt, die zu einer Freien evangelischen Gemeinde gehören. Oder Sie gehören schon lange dazu. Sie halten nun dieses Buch in der Hand, in dem Sie vieles Interessante darüber erfahren werden. Herzlich willkommen! Nun aber genug der Vorrede.

Vor langer Zeit

Die erste deutsche Freie evangelische Gemeinde entstand 1854 in Wuppertal. Aber unsere Wurzeln reichen viel weiter zurück, hinein in die Reformationszeit, zurück durch Jahrhunderte der Kirchengeschichte bis in die Anfänge des Christentums, ja, letztlich bis zu Jesus Christus selber. Freie evangelische Gemeinden teilen deswegen vieles mit anderen Gemeindebünden oder Kirchen. Vor allem anderen ist das Bekenntnis zu Gott dem Vater, Sohn und Heiligen Geist zu nennen. Das apostolische Glaubensbekenntnis wird in unseren Gottesdiensten zwar nicht so häufig gesprochen, ist aber zentrales Glaubensgut in Freien evangelischen Gemeinden. Wenn ich im Laufe dieses Artikels beschreibe, was das Besondere und Typische an Freien evangelischen Gemeinden ist, scheint mir diese Feststellung sehr wichtig zu sein. Denn uns eint mit allen Christen und Kirchen das Bekenntnis zu Gott, der sich in Jesus Christus offenbart hat.

Unser Erbgut

Aber zurück zur Frage: Was ist das für eine Gemeinde? Was macht Freie evangelische Gemeinden aus? Worin unterscheiden sie sich von anderen Gemeinden? Was macht sie unverwechselbar? Am besten, ich erkläre das mit den drei Worten, die in unserem Namen stecken. Frei, evangelisch und Gemeinde. Darin wird sich so etwas wie die DNA, also das Erbgut unserer Gemeinden zeigen. So wie die DNA einen Menschen zu einem unverwechselbaren Wesen macht, so könnte man von einer DNA der Freien evangelischen Gemeinden sprechen. Manches wird man auch woanders finden, aber die Mischung von Eigenschaften ist einzigartig.

Wir sind frei

Die Wahrheit wird euch frei machen.
Johannes 8,32

Welch ein großes Wort. Frei! Wer will das nicht sein? Aber wovon frei und wofür?

Zuerst sind wir frei von etwas, das das Leben der Menschen kaputt macht: die Sünde. Sünde ist alles, was uns von Gott trennt. Sünde wird in der Bibel beschrieben als die Auflehnung gegen Gott und die Abkehr von ihm. Davon befreit uns Gott in Jesus. Deswegen hat er vor 2000 Jahren gelebt, deswegen ist er gestorben. Er hat hinweggetragen die Sünden der Welt (Joh. 1,29). Sünde versklavt, Jesus befreit (Joh. 8,31-36). Durch seinen Tod hat er diese Versklavung durchbrochen. Aber das ist nicht alles. Durch die Verbindung mit Gott sind wir frei von der erdrückenden Last der Sorgen, weil wir an einen Gott glauben, der für uns sorgt. Sorgen treiben an und erdrücken, Jesus trägt uns. „All eure Sorge werft auf ihn, denn er sorgt für euch" (1. Petr. 5,7). Treffender und kürzer kann man es nicht sagen. Wir sind frei von der Last, aus eigener Anstrengung Frieden mit Gott zu schaffen. Egal in welcher Religion, es ist ein weltweites Phänomen, dass Menschen versuchen, durch fromme und religiöse Leistungen Gott zu gefallen. Jesus ist gestorben für die Sünden der Welt – keine menschliche Anstrengung schafft das. Der Glaube an Jesus Christus befreit vom verkrampften, frommen Leistungsdenken.

Freie Gnade

Diese Freiheit soll bei uns nicht nur auf dem Papier stehen. Wir betonen, dass Menschen das wirklich erfahren können und ihr Leben dadurch verändert wird. Der Gründer der ersten Freien evangelischen Gemeinde, Hermann Heinrich Grafe (1818–1869), nannte dies die „freie und effektive Gnade". Sie ist frei im Sinne von kostenfrei, also ein Geschenk! Sie befreit, schafft freie Menschen und hat also in diesem Sinne einen Effekt. Diese freie und befreiende Gnade war für Grafe der Dreh- und Angelpunkt des Glaubens. Anders gesagt: Gott befreit Menschen – das ist die Hauptsache. Wir wünschen uns sehr, dass ein Geschmack von Freiheit in unseren Gemeinden zu erleben ist. Die Freude darüber soll uns bestimmen.

Freier Zugang zu Gott

In Lyon, Frankreich, lernte Grafe die sogenannte „Eglise évangélique libre" kennen und damit ein Modell, das er in Deutschland umzusetzen versuchte. Gemeinde sollte für ihn ein „Terrain der freien Gnade" sein. Die Gemeinde nach dem Vorbild des Neuen Testaments ist eine Gemeinde von befreiten und begnadeten Menschen. Und andere Menschen lernen durch die Gemeinde die freie und befreiende Gnade kennen. Daraus folgte, dass die Gemeinde frei von jedem Kirchenregiment und staatlicher Vorherrschaft sein sollte. Kein Lehramt, keine Institution steht zwischen dem Menschen und Gott. Das „allgemeine Priestertum" betont den „freien Zugang" für jeden Mann und jede Frau zu Gott. Diese Vorstellung war damals bahnbrechend und ein Konfliktherd inmitten der Gesellschaft.

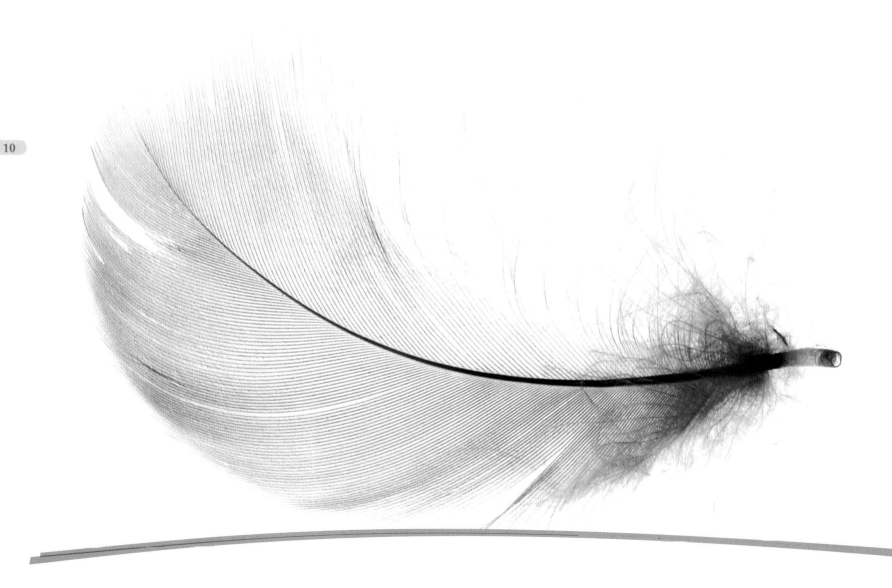

> Die besten Gaben, die der Herr seiner Gemeinde schenkt, sind allewege Persönlichkeiten, in die wir uns nicht vergaffen, sondern für die wir dankbar sein wollen.
>
> FeG-Zitate – Nr. 2 – Richard Schmitz

Freiwillig

Ein sich daraus ergebender Aspekt, den viele Freie evangelische Gemeinden betonen, ist die Freiwilligkeit. Wir kommen freiwillig zusammen, geben freiwillig Geld und unsere Mitglieder entschließen sich freiwillig dazu, d.h., sie werden nicht als Kleinkinder automatisch dazu gemacht. Meist bildet die sogenannte Religionsmündigkeit eine Zäsur, um zu solchen freiwilligen Entschlüssen zu gelangen. Ja, Freiwilligkeit ist eine Folge der gewonnenen Freiheit und ein hohes Gut. Wir wissen jedoch auch, dass Freiwilligkeit überbetont werden kann, sodass der Eindruck entsteht, die Gemeinde beruhe allein auf unseren freiwilligen Entschlüssen anstatt auf Gottes Handeln.

Frei zum Handeln

Natürlich sind wir – im Rahmen der gültigen Rechtssprechung und der Verfassung der Bundesrepublik Deutschland – frei von Staat und Kirche. Aber das ist heute nicht mehr so aufregend wie im 19. Jahrhundert. Außerdem kann man sagen, dass es in vielen Ländern dieser Erde gar nichts anderes als „Freikirchen" gibt.

- Wir sind aber nicht nur frei von etwas, sondern die Freiheit hat auch eine Zielrichtung.
- Wir sind frei, um Gott anzubeten. Freiheit führt nicht zur Grenzen- oder Orientierungslosigkeit, sondern zu Gott, dem Ziel unseres Lebens.
- Wir sind frei, um Menschen zu dienen, für unsere Stadt und unser Land da zu sein oder einfach für den Nachbarn.
- Wir sind frei, um alles hinzugeben für andere. Damit sie Jesus Christus kennenlernen.
- Wir sind frei, um in dieser Welt zu leben, sie zu gestalten, Gottes Fülle zu entdecken und Gottes Reich mitten im Alltag zu feiern. Freiheit ist nie absolut, sondern dient dem Leben, auch dem gemeinschaftlichen Leben. Freiheit hilft uns, klare Positionen zu beziehen und nicht jeder Modewelle hinterherzuschwimmen.
- Frei sind wir, um als Gemeinde beweglich zu sein und nicht in althergebrachten Formen stecken zu bleiben. Freiheit entsteht, wenn wir mutig sind. Mutig werden wir durch den Gehorsam gegenüber Gottes Wort und dem Reden des Geistes. Und dies alles gründet in der Freiheit Gottes, in seiner Größe und Souveränität und nicht in unserer Entscheidung, Freiwilligkeit oder Frömmigkeit.

Unser Zentrum

Freiheit – recht verstanden – ist der Dreh- und Angelpunkt auch für uns heute. Denn wir suchen nach Modellen, in denen wir einerseits als Individuen ernst genommen und frei sind, andererseits Orientierung, Leitplanken und Hilfen finden, wie wir leben können. Freiheit in Jesus Christus als „geistliches Programm" ist mehr als Freiwilligkeit und Freiheit von Institutionen. Freiheit in Christus ist ein einzigartiges Leben, das auch heute Thema ist. Freiheit, die nur in der Nähe und Nachfolge Jesu entsteht. Es ist gut, dass dieses Wort am Anfang unseres Namens steht. Es ist mehr als die sachliche Beschreibung einer Gemeinde oder eines Gemeindebundes. Es ist in erster Linie die geistliche und Leben schaffende Dimension des Glaubens an Gott durch Jesus Christus, die hier zum Ausdruck kommt. Freiheit ist ein hohes Gut. Wir brauchen sie. Wir haben sie geschenkt bekommen. Und deswegen können wir sagen: „Wir sind frei."

> Wir glauben an die Inspiration der ganzen Heiligen Schrift, aber wir glauben nicht an ein bestimmtes Inspirationsdogma.
>
> FeG-Zitate – Nr. 3 – James Millard

Wir sind evangelisch

Evangelisch ist ein Sammelbegriff aller Traditionen und Kirchen, die sich auf die Erkenntnisse der Reformation im 16. Jahrhundert berufen. Darin kam damals neu zum Vorschein, was das Evangelium beinhaltet und was es bedeutet, dem Evangelium gemäß zu leben. Das Evangelium (griechisch: euangelion) heißt übersetzt die „gute Botschaft" – die gute Botschaft von der Errettung und Befreiung durch Jesus Christus. Die Reformatoren hatten vier Grundsätze, an denen zu messen war, was der guten Botschaft von Christus entspricht und sie angemessen zur Sprache bringt. Wenn wir uns evangelisch nennen und so sein wollen, beziehen wir uns auf diese vier Maßstäbe und Grundwerte. Sie beschreiben wesentliche Identitätsmerkmale auch von Freien evangelischen Gemeinden.

Allein die Schrift

In der Verfassung des Bundes Freier evangelischer Gemeinden sagen wir es so: „Verbindliche Grundlage für Glauben, Lehre und Leben in Gemeinde und Bund ist die Bibel, das Wort Gottes." Die Bibel ist Wort Gottes. Sie ist natürlich von Menschen geschrieben und über Jahrhunderte entstanden und nicht vom Himmel gefallen. Als solche ist sie Wort Gottes. Sie ist aller Auslegung, Meinung und Überlieferung vorgeordnet. Sätze wie „Das haben wir schon immer so gemacht!" haben keine Autorität, sondern die Bibel. Bei einzelnen Auslegungsfragen soll der einzelne Leser in seinem Gewissen frei sein – frei in seinem an die Bibel gebundenen Gewissen. Deswegen bedeutet auch hier Freiheit nicht Beliebigkeit. Nicht das Gewissen ist verbindliche Grundlage, sondern die Schrift. Dass allein die Schrift gilt, hat Martin Luther nicht davon abgehalten, in Christus die Mitte der Schrift zu sehen und die Bedeutung einzelner Schriften verschieden zu gewichten. So hat es James Millard, der erste Rektor des Theologischen Seminars, formuliert: „Wir glauben an die Inspiration der ganzen Heiligen Schrift, aber wir glauben nicht an ein bestimmtes Inspirationsdogma."

> Unsere Gemeinden sind nicht durch das Treiben von Sonderlehren, sondern durch die oft sehr schlichte Verkündigung des Evangeliums entstanden.
>
> FeG-Zitate – Nr. 4 – Karl Mosner

Alleine Christus

Jesus Christus, was er gesagt und was er getan hat, bedeutet uns alles. Er selber ist das eine Wort Gottes, das uns trägt, befreit und auf das wir zu hören haben. Die Bibel weist auf ihn hin und hat in ihm ihre Mitte! Seine Einzigartigkeit wollen wir auch in der heutigen Zeit hervorheben. Wir betonen so sehr die zentrale Bedeutung von Christus, weil sich daran zeigt, ob es sich beim christlichen Glauben nur um einige austauschbare Richtigkeiten handelt oder um die einzigartige Botschaft der Bibel! Nur in ihm ist Frieden zwischen Mensch und Gott. Es gibt außerhalb von Jesus Christus kein Heil und eine Gemeinde ist nur christliche Gemeinde, wenn sie auf Jesus Christus gebaut ist. Oft ist in unseren Gemeinden von einem „christozentrischen" Glauben oder Gemeindeverständnis die Rede. Das soll dann heißen, dass Christus das Zentrum ist, um den herum sich alles gut ordnet und zu verstehen ist. Gerät Christus aus dem Zentrum heraus, wird alles schief. Davon sind wir überzeugt.

Allein die Gnade

Das besondere Geschenk, das Gott uns durch Jesus Christus gibt, heißt: Gnade. Durch Gottes Gnade erkennen wir die Bedeutung von Jesus Christus, empfangen Glauben und darin neues Leben. Es ist Gott, der den Menschen anspricht, führt, zum Glauben bringt und Gemeinde gründet. Diese reformatorische Betonung wurde von Grafe neu und mit einer besonderen Betonung der „freien Gnade" in den Mittelpunkt gestellt. Gnade darf nicht billig sein als eine wahllose Verteilung von Gnade, ohne dass danach gefragt würde. Jedoch auch nicht zu teuer als ein Geschenk, das nur nach Vorleistungen des Menschen gilt. Gottes Gnade war teuer für Gott in Jesus Christus. Wer sie empfängt, erhält neues Leben. Sie ist kostbar. So kostbar, dass wir nicht dafür bezahlen können.

> Wer nicht zu bestimmten Zeiten betet, der betet bald
> auch nicht mehr zu unbestimmten Zeiten.
>
> FeG-Zitate – Nr. 5 – Eduard Wächter

Allein der Glaube

Der Glaube ist die Antwort des Menschen auf Gottes Wort, auf Christus und seine Gnade. Er ist der Schlüssel, durch den sich uns das Heil erschließt. Glaube hat immer zwei Seiten: den richtigen Inhalt einerseits und das gelebte und praktische Vertrauen andererseits. Gesunde Lehre und persönlicher Bezug gehören zusammen. Dogmatisch gesagt: Der Glaube stellt sich auf die Gnade in Jesus Christus aufgrund der Heiligen Schrift. Ein so verstandener Glaube rettet den Menschen. Wichtig ist uns, dass ein solcher Glaube immer bedeutet, Jesus Christus zu folgen, ihm zu gehören. Die Bibel bezeichnet Jesus als den Herrn (griechisch: kyrios). An ihn zu glauben bedeutet also immer, dass er nun die Herrschaft im Leben des Glaubenden hat. Es findet ein Herrschaftswechsel statt. Und es ist eine gute Herrschaft, die Jesus Christus ausübt. Der Glaube macht den Menschen zu einem Teil der Gemeinde. Deswegen gilt: Mitglied einer FeG kann nur werden, wer an Jesus Christus – in diesem Sinne – glaubt. Zugleich ist die Tür zu FeGs allen Glaubenden offen.

Evangelikal

Alle vier Kernaussagen beschreiben Pfeiler unseres Glaubens, wie sie in der Reformation formuliert wurden. Hier gibt es große Schnittmengen mit anderen evangelischen Kirchen und Traditionen und wir wollen gerne mit anderen auf diesen Pfeilern weiter Gemeinde bauen. Wir halten sie für tragfähig und dem Evangelium entsprechend, also evangelisch. Leider hat das Gütezeichen „evangelisch" im Laufe der Geschichte auch manche Schramme abbekommen. Für manche Kritiker ist es zum Synonym für „beliebig" geworden, und zwar vor allem dann, wenn die vier Pfeiler verlassen wurden. Unter anderem aus diesem Grund hat sich in Deutschland das Wort „evangelikal" verbreitet, auch im Bund Freier evangelischer Gemeinden. Im internationalen Zusammenhang bedeutet es schlicht „evangelisch". In Deutschland soll damit eine Haltung beschrieben werden, die z.B. an der Autorität der Heiligen Schrift und der zentralen Bedeutung Christi festhält. Wenn sich Christen in unseren Gemeinden als „evangelikal" bezeichnen, so wollen sie damit näher beschreiben, wie sie „evangelisch" verstehen. Andere halten den Begriff für überflüssig oder lehnen ihn ab, weil er in der öffentlichen Diskussion mit negativen Vorstellungen assoziiert wird. In jedem Fall gilt für den Bund Freier evangelischer Gemeinden und seine Gemeinden: „Wir sind evangelisch."

Wir sind Gemeinde

Die Frage nach dem Verständnis von Gemeinde war von den ersten Tagen unserer frei evangelischen Geschichte an entscheidend. Wenn ich in Gesprächen nur einen einzigen Satz habe, um das Typische von Freien evangelischen Gemeinden zu beschreiben, dann tue ich es mit diesem: Wir glauben, dass Gemeinde Gottes nach dem Zeugnis der Bibel „Gemeinde der Glaubenden" ist, also nur Glaubende Zugang zur Gemeinde haben, und zugleich alle Glaubenden diesen Zugang haben sollen. Dies ist das grundlegende Merkmal der Freien evangelischen Gemeinden. Der Wunsch der FeG-Väter war es, durch dieses Verständnis von Gemeinde die Einheit der Kinder Gottes darstellen zu können, also nichts unnötig Trennendes in der Gemeinde aufzustellen. Es ist folgerichtig, dass in Freien evangelischen Gemeinden die Frage, was Glaube ist, wie er beginnt und gelebt wird, allerhöchste Bedeutung hat. Denn am Glauben entscheidet es sich. Dadurch wird der Glaube keineswegs zu einer menschlichen Tat oder Leistung. Keineswegs. Aber er ist das einzigartige Geschenk Gottes, durch das wir Zugang zu ihm und zur Gemeinde haben.

Kennzeichnend für unsere FeG-Tradition ist, dass mehr Wert auf den Vollzug des Glaubens (also das Vertrauen, die Beziehung) als auf den Inhalt (also das Bekenntnis und die rechte Lehre) gelegt wird. Das hat aber nie dazu geführt, dass die Inhalte aus dem Blick gerieten. Für uns gilt: Glaubende sind Menschen, die von Gottes Geist erweckt sind und in denen Glauben an Jesus Christus wachgerufen wurde. Sie folgen Jesus Christus und gehören deswegen zu seiner Gemeinde. Aus diesem Gemeindeverständnis und der zentralen Bedeutung des Glaubens heraus ergeben sich für uns Folgerungen, die in dieser Kombination ganz besonders typisch für Freie evangelische Gemeinden sind.

Abendmahl aller Nachfolger

Das Abendmahl bzw. Mahl des Herrn ist Tischgemeinschaft der an Christus Glaubenden mit ihrem Herrn und miteinander. Diese Gemeinschaft hat eine hohe Bedeutung und wird von den FeGs gepflegt. Es sind alle willkommen, die Jesus Christus folgen, auch aus anderen Kirchen. Aber wir wollen Menschen, die Christus nicht folgen, nicht zu einem heuchlerischen Umgang mit dem Mahl verleiten.

Taufe der Glaubenden

Wir taufen nur Menschen, die an Jesus Christus glauben. Wir halten es für biblisch geboten, auf den Glauben hin zu taufen. Säuglinge segnen wir und heißen sie in der Gemeinde willkommen. Aber die Taufe hat erst dort ihren Sinn, wo ein Mensch begonnen hat zu glauben. Da wir aber in Deutschland die besondere Situation haben, dass manch einer auch nach ausführlicher Prüfung seine sogenannte „Säuglingstaufe" als vollgültige Taufe ansieht, respektieren wir diese Gewissensentscheidung. Deswegen nehmen wir Glaubende als Mitglieder einer FeG auf, auch wenn sie sich in ihrem Gewissen so gebunden sehen. Von den ersten Tagen unserer Geschichte an war es uns wichtig, dass die Tauffrage nicht trennend wirkt, sondern dass eben jeder an Jesus Gläubige Mitglied einer FeG werden kann, unabhängig von seiner Erkenntnis, auch in der Tauffrage.

Dienste in der Gemeinde

In Freien evangelischen Gemeinden gibt es besondere Dienste, je nach Begabung und gemeinsamer Entscheidung: das Ältesten- oder Leitungsamt, das Pastorenamt, aber auch Diakone oder andere Funktionen. Gemeinden können immer wieder neu fragen, was dem Neuen Testament entspricht und in ihre Situation passt und dem gesunden Wachstum dient. Wir haben, obwohl wir Pastoren haben, keinen besonderen oder lebenslangen Stand bzw. Klerus. Solche hierarchischen Systeme schaffen eine künstliche Distanz zu Gott und sind uns fremd. Insgesamt ist uns die von Gottes Geist erfüllte und begabte Person wichtiger als ein Amt, das an sich mit Autorität ausgestattet sei. „Die besten Gaben, die der Herr seiner Gemeinde schenkt", hat Richard Schmitz einmal gesagt, „sind allewege Persönlichkeiten, in die wir uns nicht vergaffen, sondern für die wir dankbar sein wollen." Gemeinde ist Gemeinschaft der Glaubenden. Sie ist also nicht nur Institution, sondern ein Ort voller lebendiger Beziehungen, ein lebendiger Ort. In dieser Gemeinschaft werden wir geprägt und verändert, getröstet und gestärkt.

Selbstständig und doch miteinander verbunden

Ein wichtiges Merkmal Freier evangelischer Gemeinden ist, dass die Ortsgemeinde selbstständig ist und zugleich mit den anderen Gemeinden geistlich verbunden. Der Bund Freier evangelischer Gemeinden ist eine „verpflichtende Gemeinschaft" bzw. eine „geistliche Lebens- und Dienstgemeinschaft selbstständiger Ortsgemeinden", wie es in der Verfassung des Bundes heißt. Die Ortsgemeinde ist vollwertige Gemeinde, aber sie ist nicht das Ganze der Gemeinde. Sie braucht die anderen Gemeinden, um Mängel auszugleichen, Gemeinschaft zu erleben, Stärken zu bündeln und Freude zu erleben. Bei aller Freiheit, die uns wichtig ist, betonen wir Verbindlichkeit als Ausdruck geistlichen Lebens.

Die Selbstständigkeit der Ortsgemeinde bringt die Notwendigkeit mit sich, dass vor Ort geglaubt, gedacht und über wichtige Angelegenheiten entschieden wird. Und der Bund ist dafür da, die Ortsgemeinden zu stärken. Darin hat er seine Berechtigung.

Aber der Bund ist auch im Namen der Gemeinden tätig: in der politischen Öffentlichkeit, in gemeinsamen Aktionen und überregionalen Projekten wie z.B. missionarische Arbeit im Ausland, Katastrophenhilfe oder deutschlandweite Gemeindegründung.

Aufeinander achtgeben

Ich habe den Glauben beschrieben, nicht nur als das bloße Für-wahr-Halten von Lehrsätzen, sondern auch als eine Beziehung zu Jesus und ein Leben in der Nachfolge.

Im Neuen Testament werden die Christen aufgefordert, sich im Glauben anzufeuern, zu ermutigen und wo nötig auch zu ermahnen. Das soll nicht in kleinlicher Strenge, sondern in liebevoller Hilfestellung erfolgen. Es muss dabei aber auch deutlich bleiben, dass es ein „drinnen" und ein „draußen" gibt, dass es eine Grenze gibt. Deswegen gibt es in Freien evangelischen Gemeinden auch Gemeindezucht. Damit verantwortlich umzugehen ist eine anspruchsvolle Aufgabe. Wichtig ist, sie in der Haltung von Jesus selbst zu üben, nämlich für den Sünder da zu sein, aber ebenso die Sünde auch so zu benennen und zur Abkehr von ihr zu rufen. Wenn jemand bewusst und ohne Einsicht und Umkehr an Sünde festhält, entfernt er sich von der Gemeinschaft der Gemeinde und kann – als allerletzten Schritt – aus der Gemeinde ausgeschlossen werden. Dabei unterliegen wir nicht der irrigen Vorstellung, wir wären die Gemeinde der Perfekten. Im Gegenteil! Wir sind Gemeinde der begnadigten Sünder. Aber mit der Sünde wollen wir deswegen nicht leichtfertig umgehen.

> Wer im Geiste der Reformatoren handeln will, der mache es auch, wie sie es gemacht haben, der breche mit einer Tradition, die jede Reform ausschließt, welche sie nicht aus sich selbst gewinnt oder gewonnen hat.
>
> FeG-Zitate – Nr. 6 – Hermann Heinrich Grafe

Gesandt von Christus

Ein zentrales Wesensmerkmal von Gemeinde ist für uns, dass sie von Jesus gesandt ist, wie er selber vom Vater in die Welt gesandt war (Joh. 20,21). D.h.: Sie lebt von Gottes Wirken und Mission und ist selber missionarisch. Für Freie evangelische Gemeinden ist Mission kein Fremdwort oder negativ belegt, wie das häufig in unserer Zeit anzutreffen ist. Mission ist für uns eine ganz natürliche Reaktion darauf, dass Gott uns mit seiner Liebe erreicht hat. Das wollen wir natürlich nicht für uns behalten, denn das hielten wir für egoistisch. Mission liegt uns sozusagen in den Genen. Damit sind wir bis zu dem Tag, an dem Gott die Geschichte dieser Erde beenden wird, beschäftigt. Es ist eine schöne und bislang unerfüllte Aufgabe. Gottes Liebe soll zu den Menschen gelangen. Jede Generation braucht die Botschaft von Jesus. Sie soll bezeugt, verkündigt und in Taten weitergegeben werden. Gustav Klein, ein ehemaliger Evangelist aus unseren Gemeinden, hat es so ausgedrückt: „Gerettet sein gibt Rettersinn."

Gemeinden gründen

Als Bund Freier evangelischer Gemeinden gründen wir auch neue Gemeinden. Wir haben festgestellt, dass dadurch neue Menschen mit dem Evangelium erreicht werden. Und wir fragen danach, wie wir heute und morgen das Evangelium so verkündigen können, dass es die Menschen von heute anspricht. Gemeinde soll diese Welt mit gestalten. Sie ist beauftragt, mittendrin zu existieren und „Salz und Licht" (Mt. 5,13ff) zu sein. Sie hat für die Menschen in ihrer Umgebung eine Bedeutung. Und dabei hat sie eine Botschaft, die weit über diese Welt hinausgeht. Das macht sie unabhängig von aktueller Meinung und Lage. Sie rechnet damit, dass Jesus wiederkommt und Gott Gericht halten wird. Diese für viele Menschen verstaubten Ansichten halten wir für aktueller denn je. Sie sind nicht geeignet, im Museum ausgedienter Glaubenssätze zu ergrauen. Sie sind Zeichen eines untrüglichen Realitätssinnes. Und sie befreien für das Leben hier und jetzt.

> Eine Gemeinde kann ihre Daseinsberechtigung nur behaupten, indem sie ihre Glieder zur Mitarbeit erzieht und sie in diese einstellt.
>
> FeG-Zitate – Nr. 7 – Richard Schmitz

Wachsen

Bei diesen vielen Ausführungen zur Gemeinde könnte man meinen, dass das ja alles ganz schön anstrengend sei. Einerseits stimmt es. Glaube und Gemeinde beanspruchen das ganze Leben und unser ganzes Herz. Aber andererseits werden wir erfahren, dass Gott seine Gemeinde baut. Sie ist ja sein Projekt! Er gründet Gemeinde, pflegt sie und baut sie. Und deswegen macht es unglaublich Freude, als engagierte Mitarbeiter Gott bei seiner Arbeit zu erleben. Gustav Ischebeck, ein ehemaliger Bundespfleger, hat es folgendermaßen auf den Punkt gebracht: „Was für Gemeinden und Versammlungen möchten wir sein? Biblische Gemeinden, den biblischen ähnlich! Das heißt, nicht fehlerfrei, nicht makellos, nicht ohne Kampf, nicht ohne Schwäche. Nicht wollen wir zunächst schöne Gemeindeparagraphen überladen mit Bibelstellen. Wir wissen, nur das tägliche Nehmen aus Christi Fülle kann das Mitglied und die Gemeinschaft biblisch gesund erhalten."

Typisch FeG

Wir sind Gemeinde. Manches, was wir als Identität von Freien evangelischen Gemeinden ansehen, teilen wir mit anderen Kirchen und Traditionen. Anderes ist sehr „typisch FeG".

Ganz sicher ist aber die Kombination der verschiedenen Aspekte typisch für Freie evangelische Gemeinden. Hermann Heinrich Grafe hatte 1855 die für ihn spezifische Mischung so beschrieben: „In der Heilslehre bin ich reformiert, in der Gemeindeverfassung Independent und im Leben ein Pietist." Heute würden wir das anders sagen, aber das Zitat zeigt, woher wir kommen und dass es auf die Mischung ankommt. Das Profil von Freien evangelischen Gemeinden ist bis heute eine interessante und wohltuende Mischung. Gott hat sie geschenkt und gebraucht. Es ist ein Profil, das auch heute interessant ist für den modernen Menschen. Warum? Weil wir einerseits gute und bewährte Traditionen und Wertmaßstäbe pflegen, an die sich der gehetzte und vom Tagesgeschäft geplagte Mensch anlehnen kann, und andererseits moderne Formen entwickeln und Gemeinde zeitgemäß gestalten.

Gemeinde kennenlernen

Vielleicht empfinden Sie beim Lesen dieser einführenden Kapitel, dass all das ein wenig perfekt und glatt klingt. Wissen Sie: Ich habe manches so beschrieben, wie es sein soll. Mein eigenes Leben und das vieler Gemeinden sind oft eher schwach und weichen vom Ideal ab. Aber wir wollen nicht das Ideal und die Gedanken Gottes verändern, sondern wollen lieber unterwegs bleiben, wollen wachsen, wollen uns verändern lassen durch Gottes Geist. Im Bild der DNA gesagt: Das Erbgut ist klar und vorgegeben, aber der Mensch ist nicht einfach dadurch in jedem Detail seines Lebens vorbestimmt. Er hat Verantwortung und Entscheidungsspielräume. Und überhaupt: Durch dieses Buch alleine werden Sie Freie evangelische Gemeinden nur von einer bestimmten Seite kennenlernen. Sie ist interessant, keine Frage. Aber das Beste ist immer noch, Menschen kennenzulernen, Menschen in „ihrer" Freien evangelischen Gemeinde.

Wege durch die Zeit

Hermann Heinrich Grafe, Gründer der ersten Freien evangelischen Gemeinde

Wie 1854 alles beginnt

> Nicht woher wir kommen, sondern wohin wir gehen ist die große Frage unseres Lebens.
> FeG-Zitate – Nr. 8 – Hermann Heinrich Grafe

Das Umfeld

Am 22. November 1854 erklären sich sechs Männer durch ihre Namensunterschrift zu Mitgliedern der damit gegründeten „Freien evangelischen Gemeinde zu Elberfeld und Barmen", der ersten FeG im deutschen Raum. Ihre Gründer sind Unternehmer aus Wuppertal, Mitte 30, Familienväter. Sie gehören nicht zu den eigentlichen Honoratioren der Stadt und entstammen zum Teil einfachen Verhältnissen. Ihre Unternehmen sind noch jung, gegründet aufgrund der sozialen und ökonomischen Umbrüche des modernen Zeitalters.

Die Gründer der Wuppertaler Gemeinde sind allerdings nicht allein um wirtschaftliche Innovationen bemüht, sondern zugleich um soziale und religiöse. Sie erkennen, dass auch auf kirchlichem Gebiet ein radikales Umdenken erfolgen muss, eine neue Reformation. Der wohl entscheidende theologische Denker unter den Gründerpersönlichkeiten der ersten Freien evangelischen Gemeinde im deutschen Raum ist Hermann Heinrich Grafe.

Hermann Heinrich Grafe

Grafe wird am 3. Februar 1818 als Sohn eines Mühlenpächters und Landwirts und dessen Ehefrau in einem Dorf nahe Osnabrück geboren. Anfangs haben seine Eltern ihn für einen Handwerkerberuf vorgesehen, doch kann er sie schließlich durch seine ihm eigene Hartnäckigkeit und sein Talent doch davon überzeugen, ihn auf die Gewerbeschule nach Bielefeld zu schicken. 1834 beginnt er mit 16 Jahren in einer Baumwollfabrik in Duisburg. Grafe erhält Kontakt zu dem aus einem frommen pietistischen Fabrikantenhaus stammenden Eduard Neviandt (1819–1887) aus Mettmann und zugleich Zugang zu pietistisch-erweckten Kreisen, die, inspiriert von dem Erweckungsprediger, Seelsorger und Mystiker Gerhard Tersteegen (1697–1769), in Hauskreisen beten, die Bibel und Erbauungsschriften lesen und den Wandel der Zeit kritisch verfolgen und miteinander diskutieren.

Nach vollendeter Lehrzeit zieht Grafe nach Mettmann und tritt als Handlungsgehilfe in das Geschäft des Textilfabrikanten Karl Wilhelm Neviandt (1792–1870) ein. 1842 kommt es zur Verlobung mit der ältesten Tochter des Hauses Neviandt, Maria Theresia (1824–1871). Vor der Heirat muss Grafe jedoch für zwei Jahre nach Lyon, um sich weitere Kenntnisse in der Fabrikation von Seidenstoffen anzueignen. Danach will er mit Eduard Neviandt eine Seidenfabrik eröffnen.

Das Vorbild in Lyon

In Lyon, das wie Wuppertal sowohl ein Zentrum der Textilindustrie als auch der Erweckungsbewegung ist, lernt Grafe die von dem bedeutenden Erweckungsprediger Adolphe Monod (1802–1856) gegründete „Freie evangelische Gemeinde von Lyon" kennen. Besonders das diakonische Engagement der Gemeinde für die Armen der Stadt hinterlässt einen bleibenden Eindruck auf ihn. Es ist verbunden mit einer vorbildlichen Sonntagsschularbeit, in der die aus einfachen Verhältnissen stammenden Kinder einen ersten Bildungszugang erhalten. Die Einheit der Gemeinde in Kontrast zur sonstigen sozialen Aufspaltung und Widersprüchlichkeit fasziniert ihn. Grafe erkennt in der Lyoner Gemeinde die Gemeindeform, die dem Bedürfnis des modernen Menschen und der neutestamentlichen Zeugnisse

Maria Theresia Grafe, die Ehefrau von Hermann Heinrich Grafe

Saal der ersten deutschen Freien evangelischen Gemeinde in Elberfeld

Adolphe Monod, der Gründer der Freien evangelischen Gemeinde in Lyon

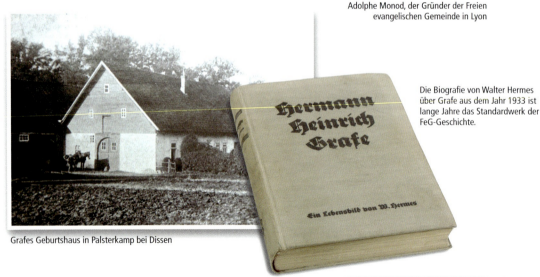

Grafes Geburtshaus in Palsterkamp bei Dissen

Die Biografie von Walter Hermes über Grafe aus dem Jahr 1933 ist lange Jahre das Standardwerk der FeG-Geschichte.

entspricht. Er schließt sich dieser Gemeinde an. Vor allem überzeugt ihn ihre konsequente Unterscheidung von „Bekehrten", d.h. gläubigen und bekennenden Christen, und „Unbekehrten", den vielen „Namenschristen", die wohl als Kind „getauft" sind, deren Meinung und Haltung aber keine Christusorientierung besaßen. Nur die wirklich „Bekehrten" gehören zur Lyoner Freien evangelischen Gemeinde, und auch nur sie dürfen am Abendmahl teilnehmen.

Die Gründung des Brüdervereins

Nach seiner Rückkehr aus Lyon lässt sich Grafe Anfang 1843 in Elberfeld nieder und gründet zusammen mit Eduard Neviandt eine „Fabrik in seidenen, halbseidenen und halbwollenen Waren", die bald zu einer der renommiertesten Elberfelds zählt. Am 25. April 1844 heiratet er Maria Theresia. In Elberfeld schließt sich Grafe zunächst der reformierten Gemeinde an, die bedeutendste ihrer Zeit. Im November 1845 kommt es zum Konflikt mit dem Presbyterium wegen der Einführung der Kirchensteuer, die Grafe als eine „heidnisch-ungläubige Zwangsmaßregel" radikal ablehnt. In der Gemeinde, so schreibt er dem Presbyterium, dürfe es (gemäß 2. Kor. 8,9) ausschließlich „freiwillige Gaben" geben, nicht jedoch staatlich auferlegte. Er legt seine Gemeindeämter nieder und distanziert sich auch innerlich von der reformierten Gemeinde, gehört ihr somit nur noch formal an. Zu einer Freikirchengründung kann sich Grafe allerdings vorläufig noch nicht durchringen. Hierfür müssen wohl auch noch die politischen Voraussetzungen geschaffen werden. Diese nehmen für ihn einen erschreckenden Verlauf in der „Revolution" von 1848/49. Die Barrikadenkämpfe in Elberfeld im Mai 1849 wirken auf ihn schockierend. Die Erlebnisse der „Revolution" bringen für Grafe die endgültige Überzeugung, dass die Zeit reif zum Handeln ist. Doch zögert er mit der Gemeindegründung noch. Zusammen mit anderen Unternehmern, zu denen u.a. auch sein Schwiegervater gehört, gründet er am 3. Juli 1850 den „Evangelischen Brüderverein" als landeskirchlich ungebundenen Verein für die Mission.

Grafe und seine Freunde sehen allerdings bald ein, dass ein Missionsverein keine Gemeinde ersetzen kann. Gemeinde, so wächst in Grafe die Erkenntnis, muss sich an einem Ort auch sichtbar versammeln und miteinander das Abendmahl feiern können. Die Landeskirche kommt aus den genannten Gründen für Grafe als Darstellung der Gemeinde Gottes nicht länger infrage. Grafe möchte sich auch nicht den in ihrer Gründungsphase befindlichen Freikirchen anschließen. Sowohl die „Brüderbewegung" als auch der Baptismus sind ihm je auf ihre Weise zu einseitig fixiert und damit zu „exklusiv", um wirklich eine Gemeinde für alle Gläubigen sein zu können. Zu der „Brüderbewegung" geht Grafe wegen derer extremen Heiligungslehre, ihres Absolutheitsanspruchs, der alle anderen Gemeinden ausschließt, und ihrer radikalen Verwerfung von Amt und Organisation schon bald auf Distanz.

Die Baptistengemeinden wiederum nehmen nur Christen auf, die die Glaubenstaufe vollzogen haben. Es gibt jedoch nicht wenige wiedergeborene Christen, unter ihnen auch Grafe selbst, die zwar die Kindertaufe als falsche Praxis verwerfen, jedoch eine Gewissensnot darin sehen, sich nochmals taufen zu lassen.

Die Gründung der Freien evangelischen Gemeinde

Grafe entschließt sich endlich, mit Gleichgesinnten eine Gemeinde zu gründen. In dem Austrittsschreiben, das Grafe zusammen mit zwei weiteren Gemeindegründern, Johann Peter Wülfing und Johann Friedrich Gottlob Paul, dem Presbyterium der reformierten Gemeinde Elberfelds sendet, sind die wesentlichen Gründungsmotive der neuen Gemeinde zusammengefasst. Das, was eine geistliche Gemeinschaft lehrt, muss eine Einheit sein mit der Überzeugung und dem Leben der Menschen, die dieser Gemeinschaft angehören. Die Gemeinde hat die Aufgabe, sich als solche von einer im Ganzen von Gott abgefallenen Umwelt als gesondert und heilig darzustellen. Diese Darstellung geschieht besonders im Abendmahl. Eine Kirche, die als bloße formale Institution keinen Unterschied zwischen überzeugten Christen und Mitläufern mache, verleugnet ihr Wesen.

Carl Brockhaus, Leiter der frühen Brüderbewegung in Deutschland

Johann Gerhard Oncken, Gründer der Baptistengemeinden in Deutschland

Der Briefbogen der ersten FeG in Deutschland

Heinrich Neviandt, erster Prediger der
Freien evangelischen Gemeinden

„Ein Act des Gewissens"
Das Austrittsschreiben von Grafe und seinen Freunden

„Ehrwürdige Herren,

die Unterzeichneten zeigen Ihnen hierdurch ihren Austritt aus der reform. Gemeine an. Wir können diese Erklärung nicht machen, ohne Ihnen zugleich die Beweggründe dazu kurz anzugeben.

Es handelt sich für uns nicht um herrschende Übelstände, um eine mangelhafte Praxis in der Kirche, die mit der Zeit und nach Umständen besser werden könnte; es handelt sich für uns vielmehr um die Grundlage der bestehenden Volkskirche, in welcher der Ungläubige mit den Gläubigen, auf Grund einer Massenkonfirmation, dasselbe Recht genießt.

Ueberzeugt von der Nothwendigkeit des persönlichen Glaubens, um Christo anzugehören, fühlen wir uns in unserm Gewissen gebunden, diesen großen evangelischen Grundsatz nicht nur mit dem Munde zu bekennen, sondern auch mit der That zu bewahrheiten. Und was uns in dieser Beziehung für die Person gilt, als Christ, das gilt uns auch für die Gemeinschaft, als eine christliche, die aus Personen besteht und nicht aus Institutionen, welche blos objektiv gehalten, subjektiv nichts bedeuten.

Der kirchliche Formalismus enthält für die geistliche Lebensgemeinschaft dieselbe Gefahr, wie die todte Orthodoxie für den seligmachenden Glauben. Es ist ein Unrecht an der Wahrheit, Jemanden auf ein Glaubensbekenntniß zu verpflichten, dessen Inhalt er doch nicht glaubt. Wozu der bloße Schein, wenn man wirklich die Wahrheit will! – Es ist deßhalb nothwendig, das persönliche Verhältniß zur Wahrheit entscheiden zu lassen, wenn es sich darum handelt, einer Gemeinschaft beizutreten oder anzugehören, deren erste Bedingung und Pflicht es ist, der Wahrheit zu dienen. Diese Gemeinschaft selbst soll aber auch eine Wahrheit sein, und da dürfen wir uns und Ihnen, ehrwürdige Herren, nicht verhehlen, daß wir die Wahrheit der Gemeinschaft, in Christo da nicht finden, wo auch offenbar Ungläubige und Feinde Jesu Christi noch Raum haben.

Wir trennen uns deßhalb von Ihrer Gemeine, weil die Gläubigen in derselben sich grundsätzlich nicht von der Welt trennen wollen, deren Freundschaft doch Gottes Feindschaft ist und bleibt.

Indem wir so die Trennung der Gläubigen von den Ungläubigen, nach II Cor. 6, 14–18, verlangen, könnte es den Schein haben, als wären wir in dem Wahne befangen, eine absolut reine Gemeine von Auserwählten und Wiedergeborenen herstellen zu wollen. Wir protestiren gegen einen solchen Irrthum. Wir wissen zu gut, aus der Geschichte der ersten christlichen Gemeinden, daß sich Heuchler oder falsche Brüder „neben einschleichen" können, als daß wir etwas verlangen, wozu uns das Wort Gottes kein Recht verleiht; Sie werden aber, ehrwürdige Herren, mit uns den großen Unterschied erkennen, der darin besteht, Heuchler in der Gemeinde zu dulden, die als solche nur Gott bekannt sind, der das Herz prüft und die Seinen kennt, oder mit der offenbaren Welt Gemeinschaft zu pflegen und an einem Joche zu ziehen, die als solche doch den breiten Weg des Verderbens geht;

Wir bitten Sie daher, ehrwürdige Herren, unsern Austritt aus der Volkskirche als einen Act des Gewissens anzusehen und nicht als den Ausdruck einer bloßen Opposition. Wir erklären es vor dem Herrn, daß wir die Brüder in Ihrer Gemeine, wie in jeder andern Kirche, von Herzen lieb haben, und daß wir das Band, welches uns mit ihnen in Christo, unserm erhöhten Haupte, auf ewig umschlingt, nicht gering achten. Wir wünschen vielmehr durch die That zu beweisen, daß wir mit ihnen, als Glieder Eines Leibes, aufs engste verbunden sind, damit die Welt an der brüderlichen Liebe unter einander erkenne, daß wir Christo wahre Jünger sind."

Mit dem Gruße aufrichtiger Ehrerbietung
Johann Peter Wülfing E.S.
Johann Friedrich Gottlob Paul
Hermann Heinrich Grafe
Elberfeld, 30 Novbr. 1854

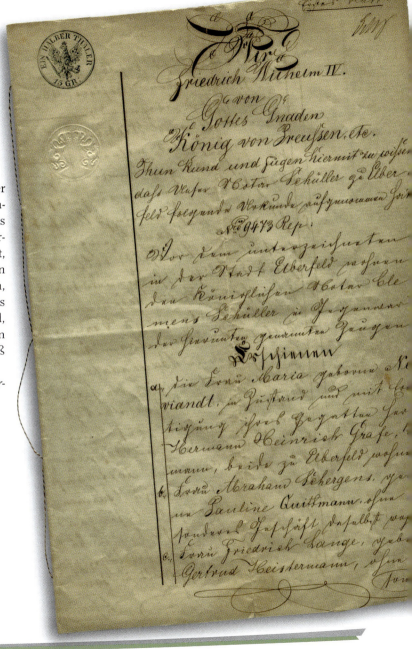

FeG-Zeitspuren

1841

Der junge Kaufmann Hermann Heinrich Grafe lernt bei seinem Aufenthalt in Lyon erstmals eine Freie evangelische Gemeinde kennen. Sie wird 1832 durch den reformierten Pfarrer Adolphe Monod gegründet.

Adolphe Monod

1854

Grafe tritt aus der Reformierten Kirche in Elberfeld aus. Mit Gleichgesinnten gründet er die erste Freie evangelische Gemeinde auf deutschem Boden. In der ersten Zeit verzeichnet die Gemeinde ein erstaunliches Mitgliederwachstum. Waren es bei der Gründung sechs Mitglieder, so sind es zehn Jahre später 145 und nach zwanzig Jahren 250 Mitglieder.

Hermann Heinrich Grafe

1887

Friedrich Fries (1856–1926) gründet in Witten die „Buchhandlung der Stadtmission". 1921 wird das Unternehmen in „Bundes-Verlag" umbenannt.

Friedrich Fries

1874

Am 30. September und 1. Oktober 1874 – zwanzig Jahre nach der Gründung der ersten Freien evangelischen Gemeinde Elberfeld-Barmen – wird in Wuppertal-Elberfeld der Bund Freier evangelischer Gemeinden gegründet. 22 Gemeinden sind durch 39 Delegierte vertreten. Zu diesem Zeitpunkt vertreten sie 1275 Mitglieder. Zu den Gründungsmitgliedern zählen die Gemeinden aus Werkshagen, Kreis Dillenburg, Elberfeld und Barmen, Essen, Gummersbach, Homberg am Rhein, Hückeswagen, Issum-Hörstgen, Kelzenberg, Köln, Krefeld, Lüdenscheid, Mülheim am Rhein, Reeswinkel bzw. Schalksmühle, Kreis Siegen, Simmern und Umgebung, Solingen, Wermelskirchen, Werlau, Wesel und Vluyn.

Die Gründungsurkunde des Bundes

1889

Auguste Schnütgen, Elisabeth Bäumer und Joseph Bender reisen als erste Missionare der Allianz-Mission nach China aus. Der China-Bote, die Zeitschrift der Allianz-Mission, berichtet regelmäßig aus den Missionsgemeinden im Reich der Mitte.

Einige der ersten China-Missionare

Zeitspuren

1893

Am ersten Oktober 1893 erscheint der erste „Gärtner" als ein „Blatt für Freie evangelische Gemeinden". Die Zeitschrift wird alle 14 Tage herausgegeben und kostet halbjährlich 75 Pfennig. Verantwortlich für die Redaktion ist Friedrich Fries.

Ein alter „Gärtner"

1894

Der „Bund der Männer- und Jünglingsvereine der Freien evangelischen Gemeinden" wird in Elberfeld gegründet. Zu ihm gehören 9 Jugendgruppen und 127 Mitglieder. Ihr Vorsitzender ist Friedrich Wilhelm Kaiser aus Düsseldorf. 1895 erscheint „Timotheus" als Jugendzeitschrift, die später in „Der Pflüger" umbenannt wird. 1922 übernimmt die Bundesjugend als Zeichen „Kelle und Schwert". Ihre Bundeslosung wird Psalm 90,17. Als erster vollzeitlicher Bundesjugendleiter wird später Karl Krull (1878–1936) berufen.

Das Emblem der frühen FeG-Jugendvereine

1896

Der Diakonieverein „Bethanien" wird durch Friedrich Fries in Wetter an der Ruhr ins Leben gerufen. Der erste Inspektor des Diakonissenhauses ist Robert Kaiser (1862–1936).

Robert Kaiser, erster Inspektor von Bethanien

1898

Die sogenannte „Krisis im Bund" findet statt. Einige Jahre später verlässt die FeG Barmen-Elberfeld mit ihrem Prediger Friedrich Koch (1847–1919) sogar die Bundesgemeinschaft. Damit verliert Koch auch die Leitung des Bundesausschusses. Anlass sind Spannungen zwischen Friedrich Koch und Friedrich Fries aus der FeG Witten. Daraufhin spricht man von der „Wittener Richtung" und der „Elberfelder Richtung". Die „Urgemeinde" in Elberfeld-Barmen kehrt aber 1920 wieder in den Bund zurück.

Friedrich Koch: Auslöser der „Krise im Bund"

1901

Der Wittener Abreißkalender wird zum ersten Mal herausgegeben. Er wird schnell ein freikirchliches Pendant zum mehr kirchlich geprägten Abreißkalender aus Neukirchen. Bei der Erstausgabe schreibt Konrad Bussemer (1874–1944) mehr als die Hälfte aller Beiträge.

Der Wittener Abreißkalender

FeG-Zeitspuren

1904

Unter der Leitung von Otto Schopf (1870–1913) entsteht das „Evangelisationswerk", das die missionarischen Kräfte der Gemeinden koordiniert und fördert. 1965 wird das Evangelisationswerk in „Inland-Mission" umbenannt. Zeitgleich bildet sich das Hessische Evangelisationskomitee, das hauptsächlich aus Mitarbeitern der Neukirchener Missionsanstalt besteht. Leiter dieses Komitees ist der ehemalige Ostafrika-Missionar Weigand Bamberger (1870–1943) in Frankenberg an der Eder. Später geht dieses Komitee im Evangelisationswerk auf.

Otto Schopf

1904

Die Gemeinwohl Immobilien-Gesellschaft m.b.H. wird unter der Federführung von August Rudersdorf (FeG Düsseldorf) gegründet. Mit dieser Gesellschaft können die Gemeinden nun Gebäude erwerben und juristisch sicherstellen.

1905

In erster Auflage erscheint von Konrad Bussemer (1874–1944) und sechs anderen Autoren das Buch „Die Gemeinde Jesu Christi". Das heute noch lesenswerte Buch enthält die damaligen Grundanschauungen der FeGs über das Gemeindeleben und das gemeinsame Bundesleben.

Bussemers Buch „Die Gemeinde Jesu Christi"

1908

Der Verein „Immanuel" wird ins Leben gerufen, der es sich zur Aufgabe macht, christliche Erholungszentren zu fördern. Sein Vorsitzender Friedrich Sprenger (1860–1934) errichtet das Erholungsheim in Bad Lippspringe. Der Verein „Immanuel" geht später im Diakoniewerk Bethanien auf.

1912

Am 10. April 1912 wird in Wuppertal-Vohwinkel die „Predigerschule" der Freien evangelischen Gemeinden gegründet. Neben den Predigern werden hier auch die Missionare der Allianz-Mission ausgebildet.

Lehrer, Schüler und Hauseltern der Predigerschule in alter Zeit

1914

Beginn des Ersten Weltkrieges. Auch der Krieg geht mit seinen schrecklichen Folgen nicht spurlos an den Gemeinden vorüber. Karl Mosner spricht von 500 Männern aus den Gemeinden, die auf den Schlachtfeldern ihr Leben verlieren.

Zeitspuren

1924

Der Bund erwirbt das Jugendheim „Wartenberg" in Witten an der Ruhr.

Der Wartenberg in Witten

1925

Im Jahr 1925 wird die „Spar- und Bauhilfskasse" des Bundes ins Leben gerufen. Die Einrichtung hat den Zweck, den Gemeinden für ihre Gemeindehäuser und Pastorenwohnungen Darlehen zu einem günstigen Zinssatz zur Verfügung zu stellen. Die Leitung hat der Kaufmann Ernst Pickhardt (1878–1943) aus der FeG Gummersbach inne.

Die Gründungsmitglieder der SKB

In den 20er- und 30er-Jahren gelingt auch die Gründung von Freien evangelischen Gemeinden in Schlesien, Pommern und Ostpreußen. Hierzu gehören u.a. Gemeinden in Brockau bei Breslau, Grünberg, Insterburg, Schwentainen und Schweidnitz. Nach dem Zweiten Weltkrieg gehen diese Gemeinden verloren.

Gemeindeausflug der ostpreußischen FeG Liebenberg am 21. Juni 1936 an den Krutinnensee

1927

Das Diakonische Werk „Bethanien" erwirbt in Solingen-Aufderhöhe ein größeres Parkanwesen. Das Mutterhaus wird von Wetter hierhin verlegt. In den nächsten Jahren gelingt ein wirtschaftlicher Ausbau. Es entstehen ein Verwaltungshaus, ein geräumiges Gemeindehaus, ein Krankenhaus, ein Jugendheim auf dem Hornberg und ein Erholungsheim auf Langeoog.

Das Diakonissenhaus in Solingen

1930

Der „Gemeinde-Psalter" wird vom Bundes-Verlag herausgegeben. Die Redaktion liegt u.a. bei Johannes Giffey (1872–1948), einem Mitglied der FeG Düsseldorf. Nach den „Geistlichen Liedern" (1898) ist der „Gemeinde-Psalter" das zweite FeG-Liederbuch. Wegen der damals als zu modern anmutenden Auswahl wird er ironisch auch der „Gemeinde-Spalter" genannt. 1932 folgt der „Kinderpsalter".

FeG-Zeitspuren

1934

Walter Quiring (1898–1977) wird als erster ehemaliger Schüler der Predigerschule zum Lehrer berufen. 1935 löst er James Millard (1861–1938) als Schulleiter ab.

Das Kollegium der Predigerschule
(v.l.n.r.: Karl Simons, James Millard, Konrad Bussemer und Walter Quiring)

1937

Kirchenpolitiker des Dritten Reiches forcieren die Vereinigung einer großen evangelischen Freikirche. Zwar kann sich der Bund Freier evangelischer Gemeinden gegen diese Vereinnahmung erfolgreich wehren, doch die neue Politik hinterlässt auch bedrückende Erinnerung. So wirbt eine Gruppe jüngerer Pastoren für die Umsetzung des sogenannten „Führerprinzips", das eine hierarchische Bundesstruktur beinhaltet. Es ist vor allem Konrad Bussemer, der als Lehrer an der Vohwinkeler Predigerschule entscheidende Akzente setzt. So schreibt er 1933: „Rassenstolz und Rassenhass kann nicht die Sache derer sein, die Gottes Kinder heißen", und er stellt sachlich fest: „Der Apostel Paulus könnte ... nicht Pfarrer in Preußen sein". 1941 wird die Herausgabe des „Gärtners" von den Machthabern verboten. Während des Krieges dient das „Amtsblatt" als Notbehelf. Nach der Kapitulation werden die „Mitteilungen der Bundesleitung an die Gemeinden" publiziert, bis am 6. Juli 1947 der erste „Gärtner" wieder herausgegeben werden kann.

Konrad Bussemer

1937

Unter ihrem Leiter Friedrich Heitmüller (1888–1965) schließt sich die landeskirchliche Gemeinschaft „Philadelphia" dem Bund Freier evangelischer Gemeinden an. Zu ihr zählen etwa hundert Predigtplätze im Hamburger Stadtgebiet, der Unterelbe und in Ostholstein mit rund 3.200 Mitgliedern. Hinzu kommen das Diakonissenmutterhaus „Elim" mit rund 230 Diakonissen, das Krankenhaus Elim und verschiedene diakonische Einrichtungen. Die Gemeinde heißt nunmehr „Freie evangelische Gemeinde Hamburg, Holstenwall 21". Allgemein werden die Mitglieder einfach „Holstenwaller" genannt.

Friedrich Heitmüller und der „alte Holstenwall"

1938

Im Jahr 1938 entsteht in Witten die Bundesgeschäftsstelle, die nach und nach alle Budesarbeiten koordiniert. Bisher geschieht die Bundesverwaltung ausschließlich ehrenamtlich. Walter Hermes (1877–1935) wird der erste Bundesgeschäftsführer.

Walter Hermes, erster hauptamtlicher Bundesgeschäftsführer

Zeitspuren

1943

In der Nacht vom 24. auf den 25. Juli wird das Krankenhaus Elim in Hamburg zerstört. 35 Patienten und 14 Diakonissen kommen dabei ums Leben. Auch das Missionshaus der Allianz-China-Mission wird im selben Jahr vollkommen ausgebombt.

1946

Im Januar ergeht an alle Gemeinden ein Aufruf zur Errichtung eines Waisenhauses in Borken bei Kassel. Im selben Monat erfolgt der erste Hilfstransport der Schweizer FeGs nach Deutschland. Weitere Unterstützung erfolgt in den kommenden Monaten aus den Gemeinden in Nordamerika, Schweden und Norwegen.

Das Waisenhaus in Borken

1948

In Bern wird der Internationale Bund Freier evangelischer Gemeinden gegründet. Die westdeutschen Gemeinden gehören zu den Gründungsmitgliedern, die Gemeinden in der DDR werden 1970 als eigenständiges Mitglied im Internationalen Bund aufgenommen.

Vertreter des Internationalen FeG-Bundes zu Gast vor dem Bundeshaus in Witten in den 50er-Jahren

1945

Am 5. August findet im Ewersbacher Gemeindehaus die erste Bundeskonferenz nach dem Zweiten Weltkrieg statt. Schon ein Jahr später besuchen etwa 5.000 Besucher die folgende Bundeskonferenz auf dem Kronberg.

Bundeskonferenz

1946

Im April 1946 wird durch Mitglieder der FeGs in Ewersbach und Eibelshausen ein ehemaliges Reichsarbeitslager auf dem Ewersbacher Kronberg erworben. Hier wird am 1. Oktober 1946 die Predigerschule wieder eröffnet. Neben dem Rektor Walter Quiring werden die Dozenten Heinrich Wiesemann, Dr. Dr. Heinrich Reuter, Dr. Johannes Oesterle und Walter Prill berufen.

Kollegium und Studenten der neuen Predigerschule in Ewersbach

FeG-Zeitspuren

1949

Eine der Schwedenkapellen

Die schwedische Missionskirche („Svenska Missionsförbundet") schenkt dem Bund an verschiedenen Orten die sogenannten „Schwedenkapellen". Diese kleinen Kirchen aus Holz finden Standorte bei den Gemeinden in Berlin-Adlershof, Wuppertal-Elberfeld, Köln und Lensahn. Außerdem wird auf Langeoog das Jugendheim „Schwedenhaus" errichtet.

1951

Herausgabe der Zeitschrift „Junge Streiter" für die FeG-Jungscharen. Im Laufe der Jahre erleben die Titel Änderungen: „Junge Saat", „die junge schar" und „Jungschar".

Erstausgabe Junge Streiter

1951

Der Missionstrupp Hessenland

Bildung des „Missionstrupps Hessenland". Hier und in ähnlichen Missionsgruppen investieren Jugendliche sowohl ihren Jahresurlaub als auch ihre Ersparnisse für praktisch-missionarische Einsätze.

1952

Die Logos der Allianz-Mission: heute und damals

Wegen der kommunistischen Machthaber müssen die letzten Missionare der Allianz-Mission China verlassen. Zunächst wendet sich die Allianz-Mission Japan und Brasilien als neuen Herausforderungen zu. Heute arbeitet die Allianz-Mission mit 150 Mitarbeitern in 17 Ländern. Ihr Verwaltungssitz ist in Dietzhölztal-Ewersbach.

Zeitspuren

1957

Am 16. September 1950 wird in Berlin-Adlershof der Bund Freier evangelischer Gemeinden in der DDR gegründet. 1957 geben die Gemeinden hier die Zeitschrift „Glaube und Dienst" heraus, das ostdeutsche Pendant zum westdeutschen „Gärtner".

Glaube und Dienst

1957

Das Diakonische Jahr wird im Bund Freier evangelischer Gemeinden eingeführt. Jugendliche können hier zwischen Schule und Ausbildung ein Jahr in den diakonischen Einrichtungen des Bundes einsetzen.

Informationsblatt zum Diakonischen Jahr

1965

Das „Evangelisationswerk" des Bundes wird in „Inland-Mission" umbenannt. Ist Gemeindegründung lange Zeit eher ein Nebenprodukt evangelistischer Arbeit, so werden nun bewusst in den größeren Städten Gemeinden gegründet. Ein wichtiger Arbeitszweig der Inland-Mission ist die „Zelt-Mission".

Die Zelt-Mission in den 60er-Jahren

1976

Der Forggenhof im bayerischen Allgäu wird vom Bund Freier evangelischer Gemeinden als Gästehaus erworben. Für viele Gemeinden ist er bis heute ein beliebter Ort für Seminare und Freizeiten.

Forggenhof

FeG-Zeitspuren

1978

Das neue Gesangbuch „Gemeindelieder" wird vom Bundes-Verlag und Oncken-Verlag herausgegeben. Zwei Jahre später wird es auch in der DDR aufgelegt.

Die „Gemeindelieder"

1986

Am 19. und 20. Juli wird in Bad Klosterlausnitz das „Grafe-Haus" als Begegnungszentrum der Freien evangelischen Gemeinden in der DDR eingeweiht. An den Kosten beteiligen sich großzügig auch die schwedischen, niederländischen und westdeutschen Gemeinden. 2003 entscheidet sich der Bundesrat für den Verkauf des Hauses.

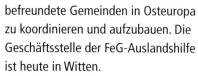

Das Grafe-Haus in Bad Klosterlausnitz

1978

Im Januar 1978 erscheint im Bundes-Verlag die Jugend-Zeitschrift „Pflüger" zum ersten Mal unter ihrem neuen Titel „Punkt" (heute „dran"). Redakteur ist Hans Jürgen Schmidt, dem später Ulrich Eggers folgt. 1985 folgt als Pendant die Teenagerzeitschrift „Komma", der Vorläufer von „teensmag".

Aus „Pflüger" wird „Punkt"

1989

Die Bundesleitung bittet Paul Lenz, die Auslandshilfe für befreundete Gemeinden in Osteuropa zu koordinieren und aufzubauen. Die Geschäftsstelle der FeG-Auslandshilfe ist heute in Witten.

Ein Projekt, das die Auslandshilfe heute unterstützt: die Klinik Gotse Delchev in Bulgarien

Zeitspuren

1990

Am Karfreitag findet zum ersten Mal seit dreißig Jahren wieder ein gemeinsamer Gottesdienst aller Berliner FeGs in der FeG Berlin-Tempelhof statt. Am 13. Oktober 1990 beschließt der Bundestag in Hermsdorf einstimmig die Beitrittserklärung der 21 ostdeutschen Freien evangelischen Gemeinden zum Bund Freier evangelischer Gemeinden. Am 15. Dezember wird auf dem Sonder-Bundestag in Berlin-Adlershof die Auflösung des DDR-Bundes beschlossen.

Die FeG Berlin-Adlershof

1992

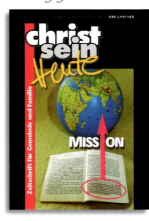

Die FeG-Mitgliederzeitschrift „Gärtner" erhält einen neuen Namen: „Christsein Heute". Als monatliches Magazin informiert „Christsein Heute" alle FeGs über den Bund und seine verbundenen Gemeinden.

Aus dem „Gärtner" wird „Christsein Heute"

1999

Der Bund Freier evangelischer Gemeinden feiert sein 125-jähriges Jubiläum. Zum FeG-Kongress „weitergehen" in Essen kommen etwa 4.000 Teilnehmer. Aus den ehemals 21 Gemeinden von 1874 sind mittlerweile 387 Gemeinden mit rund 30.000 Mitgliedern und vielen Freunden geworden.

Der FeG-Kongress „weitergehen" in Essen.

2003

Im Sommer 2003 erscheint das neue Liederbuch für die Freien evangelischen Gemeinden und die baptistischen Gemeinden. Das Buch „Feiern und Loben" mit 500 Liedern und einem blauen Einband löst das sogenannte „rote" und „grüne" Liederbuch ab.

„Feiern und Loben": das neue FeG-Liederbuch

FeG-Zeitspuren

FeG-Vision: 100 neue Gemeinden in 10 Jahren
MEINE FREUNDE ZU JESUS FÜHREN – TOCHTERGEMEINDEN GRÜNDEN – UNSERE GANZE REGION ERREICHEN

Freie evangelische Gemeinden, die seit 2006 als „Gründungsgemeinden" im Rahmen der „FeG-Vision" anerkannt worden sind:

2005

In ihrer Einkehrtagung im März 2005 formuliert die Bundesleitung die „FeG-Vision". Das Ziel: In den kommenden zehn Jahren hundert neue Gemeinden in Deutschland zu gründen.

2009	2008	2007	2006
FeG Bad Rappenau	FeG Berlin-Spandau / Kiezgemeinde Staaken	FeG München CityChurch	FeG Markdorf
Afrikanische FeG Brühl	FeG Brandis	FeG Wertheim a. Main	FeG Güldener Winkel
FeG-Hausgemeindenetzwerk Ostbayern	FeG Offenbach	FeG Rems-Murr	FeG Glonn
FeG Bergneustadt	FeG Ansbach	FeG Holzwickede	FeG Zwickau
FeG Dortmund-West	FeG projekt_X Augsburg	FeG Kaiserslautern-Nord	FeG Nidderau
FeG Lumdatal	FeG Mölln	FeG Bad Camberg	FeG Mainburg
FeG Eching	FeG Reken	FeG Wipperfürth	
FeG Rastatt	FeG Wiesloch-Walldorf	FeG Frankfurt CityChurch	
FeG Idar-Oberstein	FeG Nassau	FeG Volmetal	
FeGHennef	FeG im Kölner Norden	FeG Renningen	
		FeG Hesel	

2006

Am 31. August 2006 findet die feierliche Grundsteinlegung für das neue Kronberg-Forum in Dietzhölztal-Ewersbach statt. Zukünftig werden Theologisches Seminar und Allianz-Mission gemeinsam unter einem Dach arbeiten. Der Umzug wird am 10. und 11. September 2007 durchgeführt.

Zeitspuren

Die fünf Regionen der Bundespflege

- 5: Nord
- 1: West
- 2: Mitte-Ost
- 3: Mitte-West
- 4: Süd

2008

Der Bundesrat am 20. Oktober in der FeG Mannheim beschließt die Regionalisierung der Bundespflege. Damit findet ein über zwei Jahre dauernder Entscheidungsprozess seinen vorläufigen Abschluss. Zukünftig wird das Bundesgebiet in fünf Regionen aufgeteilt, denen jeweils ein Bundessekretär zugeordnet ist. Hintergrund des Beschlusses sind die vielen neuen Gemeinden, die in den vergangenen Jahren zum Bund hinzugekommen sind.

2010

Unter dem Gesamtmotto „Aufbruch Leben" werden für die kommenden drei Jahre inhaltliche Schwerpunkte im Bundesleben gesetzt: Aufbruch Stille (2010), Aufbruch Bibel (2011) und Aufbruch Montag (2012). Ziel ist es, gemeinsam neue Wurzeln im Evangelium zu schlagen.

Aufbruch Stille — FeG-Impuls 2010

Aufbruch Bibel — FeG-Impuls 2011

Aufbruch Montag — FeG-Impuls 2012

Gemeinsam unterwegs – Die Bundesgemeinschaft

Am 30. September und 1. Oktober des Jahres 1874 treffen sich 22 Gemeinden in Elberfeld, um gemeinsam den Bund Freier evangelischer Gemeinden zu gründen. Der geografische Radius der anwesenden Gemeinden erstreckt sich vom Niederrhein über das Bergische Land bis nach Hessen. Insgesamt sind – so hält es das Gründungsprotokoll fest – etwa 1275 Gemeindemitglieder vertreten. Ziel dieser Konferenz ist es, die Verbindung untereinander zu stärken und sich gegenseitig mit Rat und Tat zur Seite zu stehen.

Neben praktischen Hilfen soll die neue Gemeinschaft auch die Einheit des Leibes Christi nach außen hin darstellen. In den leitenden Grundsätzen der Vereinigung 1874 heißt es: „Der Zweck der Verbindung der Gemeinschaften ist zunächst der, sich durch diese Vereinigung gegenseitig zu dem gemeinsamen Glauben an den Herrn Jesus Christus und in der Liebe zu allen Kindern Gottes zu stärken und sich zugleich in der Überzeugung gegenseitig zu befestigen, dass der Herr sein Volk berufen hat, nicht nur innerlich durch einen Geist miteinander verbunden zu sein, sondern auch diese Einigkeit, die der Herr dadurch geschaffen hat, dass er uns wiedergeboren hat zu einer lebendigen Hoffnung, äußerlich darzustellen" (§ 3). Und so gilt es auch noch heute: Der Bund Freier evangelischer Gemeinden ist mehr als eine Zweckgemeinschaft. Er ist vielmehr ein Ausdruck des biblischen Auftrags.

Im Laufe der FeG-Geschichte kommt es immer wieder zu Diskussionen, wie das Verhältnis von Ortsgemeinden und Bundesgemeinschaft zu verstehen ist. Die Verfassung von 1995 stellt fest: „Der Bund Freier evangelischer Gemeinden ist eine geistliche Lebens- und Dienstgemeinschaft selbstständiger Gemeinden." Damit werden, wie bei einer Ellipse, die zwei Brennpunkte betont: Die Selbstständigkeit der Ortsgemeinde und das gemeinsame Zeugnis der sichtbaren Einheit des Leibes Jesu Christi als Bundesgemeinschaft.

Wachstum aus verschiedenen Quellen

Im Laufe seiner Geschichte erlebt der Bund Freier evangelischer Gemeinden ein kontinuierliches Wachstum. Bei seiner Gründung 1874 gehören 22 Gemeinden mit etwa 1.275 Mitgliedern dazu. Im Laufe der nächsten Jahre schließen sich immer wieder neue Gemeinden an. Sie stammen zumeist aus der Arbeit des Evangelischen Brüdervereins, der Neukirchener Missionsarbeit, der Siegerländer Erweckungsbewegung oder des Evangelisationswerkes, das von Otto Schopf 1904 gegründet wird. Ein weiterer Wachstumsschub bedeutet auch 1937 der Anschluss der „Christlichen Gemeinschaft Hamburg" mit ihren rund 3.200 Mitgliedern.

Dank der Inland-Mission können seit 1970 in vielen deutschen Städten neue Gemeinden entstehen. Wichtiges Element der missionarischen Bemühungen ist die Ermutigung der Gemeinden zur Gründung von Tochtergemeinden. Mit Unterstützung der Inland-Mission wagen immer mehr Gemeinden und Bundeskreise den Start einer neuen Gemeinde in ihrer Nachbarschaft.

Die Entwicklung des Bundes Freier evangelischer Gemeinden

Jahr	Gemeinden	Mitglieder
1874	22 Gemeinden,	1.275 Mitglieder
1900	38 Gemeinden,	3.718 Mitglieder
1920	96 Gemeinden,	8.973 Mitglieder
1931	140 Gemeinden,	12.231 Mitglieder
1960	248 Gemeinden,	21.492 Mitglieder
1980	270 Gemeinden,	22.948 Mitglieder
1990	323 Gemeinden,	26.644 Mitglieder
1994	367 Gemeinden,	29.448 Mitglieder
2004	413 Gemeinden,	34.700 Mitglieder
2006	420 Gemeinden,	36.000 Mitglieder
2009	437 Gemeinden,	37.500 Mitglieder

Freie evangelische Gemeinden 1950

Freie evangelische Gemeinden bis Ende 2009

45

Gemeinsam unterwegs – Die Bundesgemeinschaft

Der Zusammenschluss der Gemeinden zum Bund ist nicht nur im besten Sinne zweckmäßig, sondern ein geistliches Erfordernis und gottgewollt", formulierte es einmal der Bundessekretär Karl Mosner (1899–1951). Ein wesentliches Merkmal des Bundes Freier evangelischer Gemeinden ist dabei das Erlebnis der Gemeinschaft, das auf vielen Ebenen stattfindet.

Die Teilnehmer bilden beim FeG-Kongress 2003 „bewegt" das FeG-Logo des Kreuzes im Kreis.

Der Auf!Kongress 2004 in Gießen zum 100. Jubiläum der Inland-Mission

Der FeG-Kongress „bewegt" 2003 in Bochum

Der FeG-Kongress „Aufbruch Leben" 2009 in Bochum

Erinnerungsmedaillen an das BUJU 1979 in Koblenz

FeG-Kongresse

Seit der Gründung des Bundes Freier evangelischer Gemeinden 1874 in Wuppertal-Elberfeld werden jährlich die „Bundeskonferenzen" durchgeführt. Sie sind zum einen lebendiger Ausdruck der Gemeinschaft und zum anderen dienen sie der Inspiration und Neuausrichtung der Gemeinden. Aus den ursprünglichen Tagesveranstaltungen werden später mehrtägige „FeG-Kongresse".

FeG-Kongresse seit 1986

1986	Düsseldorf	„Gesandt wie Christus"
1988	Düsseldorf	„Gott lädt uns ein zu seinem Fest"
1992	Kassel	„G!-Kongress"
1994	Kassel	„gemeinsam"
1997	Nürnberg	„G!liebt"
1999	Essen	„weitergehen"
2003	Bochum	„bewegt"
2006	Bochum	„Mit weitem Horizont"
2009	Bochum	„Aufbruch Leben"

Kreiskonferenzen

Alle FeG-Kreise führen jährlich ihre ganztägigen Kreistage durch. Neben der gemeinsamen Begegnung stehen aktuelle Themen im Mittelpunkt der Treffen. Zu weiteren Veranstaltungen auf Kreisebene zählen die Treffen der Jungscharen, Jugendkreise, Frauengruppen und anderer Gemeindezweige.

Bundesjugendtreffen seit 1981

1981	Hamburg	„Wachstumsschmerzen"
1983	Koblenz	„nicht aufzuhalten"
1985	Frankfurt-Höchst	„Glauben als Abenteuer"
1987	Koblenz	„Geistesgegenwärtig leben"
1989	Essen	„Leben, wo isses?"
1991	Koblenz	„Einzigartig – Jesus Christus"
1993	Gelsenkirchen	„Gott ist für uns"
1995	Gelsenkirchen	„Leben als Antwort"
1998	Elspe	„echt"
2001	Elspe	„Imagine – stell dir vor"
2004	Elspe	„fürfolger"
2007	Elspe	„Selig"
2010	Erfurt	„Unkaputtbar"

Bundesjugendtreffen

Ganztägige Treffen im Rahmen der Bundesjugend gibt es seit 1895. Nach dem Zweiten Weltkrieg sind die Bundesjugendtage anfangs ganz in die Bundeskonferenzen integriert. In den 50er- und 60er-Jahren finden zusätzlich Internationale Jugendlager mit den verbündeten FeG-Jugendgruppen statt. 1965 wird zum ersten Mal wieder ein separates Bundesjugendtreffen in Wallau (BUJU) durchgeführt.

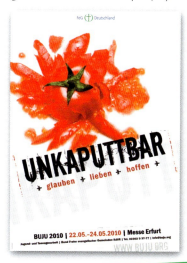

BUJU 2010 „Unkaputtbar" in Erfurt

Gebete sind keine Monologe – sie erreichen Gottes Kraft

Gemeinsam unterwegs – Füreinander beten

"Betet für uns, dass Gott uns eine Tür für das Wort auftue", schreibt der Apostel Paulus an die Gemeinde in Kolossä (Kol. 4,3). Diese Erfahrung des unterstützenden Gebetes aus neutestamentlicher Zeit ist heute ein wichtiges Element in der Bundesgemeinschaft der Freien evangelischen Gemeinden. Dass man zusammengehört, zeigt sich gerade auch in dem Gebet füreinander.

FeG-Gebetskalender

Mit der FeG-Zeitschrift „Christsein Heute" erscheint viermal im Jahr der FeG-Gebetskalender. Für jeden Tag des Jahres verzeichnet er ein Gebetsanliegen aus den Gemeinden, dem Bundeshaus oder den Bundeswerken. Als Hilfe für das persönliche oder gemeinsame Gebet trifft der Gebetskalender auf große Resonanz. Auch die Allianz-Mission und die diakonischen Einrichtungen verfügen darüber hinaus über ihre individuellen Gebetskalender.

Regionale Gebetstage

Jedes Jahr finden jährlich auf regionaler Ebene Gebetstage für Erweckung und Evangelisation statt. In kleinen Gebetszellen wird für die Bundesgemeinden, die Gesellschaft, Diakonie und Weltmission gebetet. Lobpreis, persönliche Zeugnisse und Kurzpredigten ergänzen die Gebetstage vor Ort, die in der Regel ganztägig angeboten werden.

Beten – Eine Querschnittsaufgabe

Das Gebet füreinander ist bei vielen Bundestreffen ein wichtiger Bestandteil. Sowohl in den Gremien wie Bundestag, Bundesrat und Bundesleitung als auch bei Schulungen wie den Herbsttagungen und Pastorenrüstzeiten nimmt die gegenseitige Fürbitte einen breiten Raum ein.

Der vierteljährliche FeG-Gebetskalender in der Zeitschrift „Christsein Heute" sorgt in der Bundesgemeinschaft für die notwendigen Gebetsinformationen.

> Allgemeines Priestertum ist nicht allgemeines Rednertum, sondern allgemeiner Dienst im Heiligtum.
>
> FeG-Zitate – Nr. 9 – Otto Schopf

Gemeinsam unterwegs – Gaben investieren

Bundesjugendopfer

Die Idee, dass alle Jugendgruppen im Bund Freier evangelischer Gemeinden gemeinsam ein Spendenprojekt unterstützen, geht auf eine Idee des Bundespflegers Albert Fuhrmann (1903–1964) zurück. Seither konnten für verschiedene Aktionen im In- und Ausland erhebliche Summen gesammelt werden.

▶ Weitere Informationen im Internet unter www.jugend.feg.de

1974 jährt sich zum 25. Mal das Bundesjugendopfer.

Bundesopfertage

Für ihre zahlreichen missionarischen und diakonischen Aufgaben ist der Bund Freier evangelischer Gemeinden auf regelmäßige finanzielle Gaben der Gemeinden angewiesen. Dies geschieht einerseits durch regelmäßige Zuwendungen und andererseits durch die vier Bundesopfertage im Jahr. Seit 2003 werden die FeG-Opfertage folgendermaßen verteilt:
- *im Frühjahr:* FeG-Opferprojekt für Evangelisation und Mission
- *im Sommer:* FeG-Opferprojekt für Theologie und Ausbildung
- *im Herbst:* Bundesopfertag
- *im Winter:* FeG-Opferprojekt „Gemeinden helfen Gemeinden"

▶ Weitere Informationen im Internet unter www.finanzen.feg.de

Bundesjugendopfer seit 1980

1979/80	Mithilfe beim Bau des Gemeindehauses in Nagoya, Japan
1980/81	Kindertagesstätte Toledo, Brasilien
1982/83	Unterstützung der Inland-Mission, verschiedene Projekte
1984/85	Freizeitheim Bad Klosterlausnitz, DDR
1986/87	Lehrwerkstatt im Kinderdorf Toledo, Brasilien
1988/89	Betreuung eritreischer Frauen in Ewersbach
1990	Kinderbibeln für Russland
1991–1994	Manila-Projekt
1996–1999	Colors of Berlin
1999–2004	Vijana
2005–2009	GOiNGmobil
seit 2010	Hope

Kinder helfen Kindern

Seit 1993 führen auch die Kindergottesdienste und Jungscharen im Bund Freier evangelischer Gemeinden eigene Opferprojekte unter dem Namen „Kinder helfen Kindern" durch.

▶ *Weitere Informationen im Internet unter www.kinder.feg.de*

> Man muss sich immer erst zusammensetzen, bevor man sich auseinandersetzt.
>
> FeG-Zitate – Nr. 10 – Otto Schopf

Quan Tam, ein Opferprojekt der Kindergottesdienste und Jungscharen

Kinder helfen Kindern

1993-1995	Unterstützung von missionarischer Kinderarbeit in Osteuropa
1995-1997	Bau der Kindertagesstätte in Curitiba, Brasilien
1997-2000	Kindermissionarische Arbeit in Tadschikistan
2000-2002	Levante – Straßenkinderarbeit in Brasilien
2003-2005	Quan Tam – Sozialmedizinische Arbeit in Vietnam
2005-2009	Zeichen der Liebe – Tagesförderzentrum für behinderte Kinder in Bulgarien
seit 2009	Goolgatha-Projekt für Straßenkinder in Brasilien

Gemeinsam unterwegs – Miteinander entscheiden

Der Bund Freier evangelischer Gemeinden ist eine geistliche Lebens- und Dienstgemeinschaft selbstständiger Gemeinden. Verbindliche Grundlage für Glauben, Lehre und Leben in Gemeinde und Bund ist die Bibel, das Wort Gottes", so beginnt die Präambel der Bundesverfassung. Um das Leben als Bundesgemeinschaft mit den Ortsgemeinden, missionarischen Werken und diakonischen Einrichtungen gemeinsam zu gestalten, ist die Zusammenarbeit in unterschiedlichen Gremien unerlässlich.

Bundeskreise

Alle Gemeinden bilden geografisch gegliederte Bundeskreise. Diese dienen der Förderung und Beratung einzelner Gemeinden und der Unterstützung des Bundes bei seinen Aufgaben. Die Bundeskreise berufen für ihre Tätigkeit einen Kreisrat, der wiederum einen Kreisvorstand mit einem Kreisvorsteher wählt.

Bundestag

Der Bundestag ist als Vertreterversammlung aller Gemeinden das oberste FeG-Bundesorgan. Es berät und entscheidet Themen, die alle Gemeinden betreffen. Insbesondere entscheidet der Bundestag über die Aufnahme neuer Gemeinden in die Bundesgemeinde und beruft den Präses auf Vorschlag der Kreisvorsteher. Er nimmt den Rechenschaftsbericht der Bundesleitung entgegen und erteilt ihr auch die Entlastung.

Bundesrat

Der Bundesrat verantwortet die laufende Arbeit der Bundesgemeinschaft. Zu diesem Zweck beruft er einen Finanzausschuss und die Bundesleitung. Weiterhin wählt er die hauptberuflichen Referenten im Bund und die Dozenten des Theologischen Seminars Ewersbach. Zum Bundesrat gehören u.a. Abgeordnete aus den Bundeskreisen, die Kreisvorsteher, Vertreter der Bundeswerke und die Vertreter der Arbeitsgemeinschaften.

Bundesleitung und Finanzausschuss

Die Bundesleitung führt die laufenden Geschäfte des Bundes und vertritt ihn nach au-

Präsiden in der Geschichte des Bundes Freier evangelischer Gemeinden

1874–1898 Heinrich Neviandt

1898 Friedrich Koch

1898–1911 Wilhelm Hoevel

1912–1915 James Millard

1915–1933 Peter Bolten

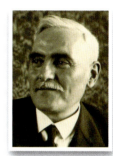
1933–1947 Jakob Lenhard

ßen. Sie steht den Gemeinden für geistlichen und praktischen Rat zur Verfügung. Sie kann den Gemeinden bei Bedarf wegweisende Empfehlungen geben. Bundesleitung und Finanzausschuss verantworten gemeinsam die Rechnungsführung des Bundes.

1947–1959 Karl Glebe

1950–1967 Walter Böhme (DDR)

1959–1973 Wilhelm Gilbert

1967–1975 Armin Röger (DDR)

Präses

Der Präses des Bundes Freier evangelischer Gemeinden wird vom Bundestag auf Vorschlag der Kreisvorsteher für sechs Jahre gewählt. Der Präses leitet die Bundesleitung und vertritt die Bundesgemeinschaft in der Öffentlichkeit. Für viele Jahre wird der Begriff „Bundesvorsteher" oder auch „Bundesvorsitzender" benutzt. 1991 greift man die ursprüngliche Bezeichnung „Präses" wieder auf.

1975–1990 Johannes Schmidt (DDR)

1973–1991 Karl Heinz Knöppel

1991–2008 Peter Strauch

seit 2008 Ansgar Hörsting

Der Internationale Bund Freier evangelischer Gemeinden

Ende des 18. Jahrhunderts und während des 19. Jahrhunderts entstehen viele Erweckungsbewegungen, deren zentrales Anliegen es ist, in treuem Gehorsam dem Wort Gottes zu folgen. Sie legen großen Wert auf die Bekehrung und die persönliche Beziehung zu Jesus Christus. In Europa sucht man früh auch über die eigenen Landesgrenzen hinaus die Verbindung mit gleichgesinnten Christen. Sie finden sich über die geografischen Grenzen hinweg zu einer Arbeitsgemeinschaft zusammen, die 1948 in Bern zur offiziellen Gründung des Internationalen Bundes Freier evangelischer Gemeinden führt. Dabei ist für alle Bünde kennzeichnend, dass sie Auslandsmission betreiben, sodass junge Gemeinden in Asien, Afrika und Lateinamerika entstehen.

Karl von Rodt,
Gründer der
Freien evangelischen
Gemeinden
in der Schweiz
(1805–1861)

Frederik Franson (1852–1908)
Mitbegründer der Allianz-Mission
und der Freien evangelischen
Gemeinden in Dänemark,
Norwegen und Finnland

> Die Hauptsache ist, dass man – frei von dem Streben nach einer „guten Stelle" – ehrlich gewillt ist, dahin zu gehen, wohin Gott einen stellen will.
>
> FeG-Zitate – Nr. 11 – Karl Engler

Anfänge in der Schweiz

In Bern wird 1834 der erste Bund Freier evangelischer Gemeinden gegründet. Er umfasst 45 Ortsgemeinden im Kanton Bern, in Frankreich und in Norditalien. Karl von Rodt (1805–1861) hat maßgeblichen Einfluss auf die Ereignisse in Bern. Er hat auch Einfluss auf die Gründung der Freien evangelischen Gemeinden in Frankreich, Belgien, Deutschland, Norwegen und anderen Ländern. Als von Rodt die Gründung der Freien evangelischen Gemeinde in Bern verteidigt, verliert er dadurch 1829 seine Stellung als Kommissionsschreiber und wird aus dem Kanton ausgewiesen. Das führt ihn in verschiedene Länder, wo er mit anderen Glaubenden zusammentrifft. So wird er in seiner Auffassung bestärkt, dass die Bibel das Wort Gottes ist, das Herrnmahl nur für bekennende Nachfolger Jesu bestimmt ist und der Glaube die Basis für die Mitgliedschaft in der Gemeinde sein sollte.

Generalversammlung der Freien evangelischen Gemeinden in Indien

Frühe internationale Konferenz in Prag 1936

Wachsende Gemeinschaft

Die Entstehung eines Internationalen Bundes wird besonders gefördert durch Männer wie Augustinus Keijer (Schweden), Karl Leopold Marley (Estland) und Werner Schnepper (Deutschland). Augustinus Keijer (1900–1969) gilt als der eigentliche Initiator. Von 1934 an arbeitet Keijer als Generalsekretär des schwedischen Bundes und veranlasst Begegnungen zwischen den leitenden Männern Freier evangelischer Gemeinden in Europa und den Vereinigten Staaten. Bei der Gründung des Internationalen Bundes in Bern 1948 wird er zu dessen Generalsekretär berufen und bleibt es bis 1968. 1921 kommen in Göteborg Missionsleiter aus den USA, Dänemark, Finnland, Norwegen und Schweden zusammen. Man kommt auch überein, jedes Jahr eine gemeinsame Missions-Konferenz zu organisieren und sich wechselseitig zu besuchen. 1925 entsteht dann der Wunsch, die bisherigen Begegnungen auf die Freien evangelischen Gemeinden in Estland und in Deutschland auszudehnen.

In den 30er-Jahren wird der Austausch zwischen vielen verschiedenen Freien evangelischen Gemeinden und einzelnen Christen innerhalb Europas und über den Atlantik hinweg sehr viel regelmäßiger. 1934 findet in Göteborg eine internationale Konferenz statt, 1936 folgt eine weitere in Prag. Mit der wachsenden Gemeinschaft zwischen den Freien evangelischen Gemeinden in Europa verstärkt sich auch der Wunsch, eine auf Dauer angelegte Form der Organisation aufzubauen.

Freie Evangelische Gemeinden in der Schweiz

Union des Eglises Evangéliques Libres

Suomen Vapaakirkko – Die Freien evangelischen Gemeinden in Finnland

> Unter allem, das Gott geschaffen hat, befindet sich kein Ding, welches annähernd mit seiner Gemeinde in Beziehung auf Herrlichkeit einen Vergleich aushalten könnte.
>
> FeG-Zitate – Nr. 12 – Leopold Bender

Nach dem Zweiten Weltkrieg

Mit der deutschen Invasion in Polen im September 1939 wird der Zweite Weltkrieg Tatsache. Die meisten Möglichkeiten zur Verbindungspflege zwischen den Freien evangelischen Gemeinden werden damit abgeschnitten. Alle Planungen zur Gründung des Internationalen Bundes werden auf Eis gelegt. Hilfe und Unterstützung werden durch die Schweden als neutrales Land organisiert. 1946 können die Kontakte zwischen den Freien evangelischen Gemeinden in Deutschland in Skandinavien wieder aufgenommen werden. Im schwedischen Malmö findet eine Konferenz statt, an der auch Vertreter aus anderen europäischen Ländern teilnehmen. Mit Entschiedenheit setzen sich die Anwesenden dafür ein, die internationale Zusammenarbeit fortzusetzen und zu verstärken. 1946 und 1947 schickt der Bund Freier evangelischer Gemeinden in der Schweiz Lastwagen von Bern nach Witten, die mit Nahrung beladen sind.

Die offizielle Gründungsversammlung

Der Internationale Bund Freier evangelischer Gemeinden wird in Bern (Schweiz) am 1. September 1948 gegründet. Die Entscheidung dazu fassen Vertreter aus neun Bünden Freier evangelischer Gemeinden, und zwar in der Tschechoslowakei, Dänemark, Finnland (zwei Bünde), Deutschland, Niederlande, Norwegen, Schweden und den USA/Kanada. Die Verfassung, die in Bern 1948 angenommen wird, bestimmt den Internationalen Bund als eine „Vereinigung evangelischer Benennungen, deren einzige Voraussetzung für die Mitgliedschaft geistliches Leben ist durch den persönlichen Glauben an Jesus Christus als Sohn Gottes, Retter und Herr". Friedrich Heitmüller spricht in jener Zeit zu den Vertretern aus verschiedenen Ländern und bittet um Vergebung im Blick auf Deutschland. Christian Svensen aus Norwegen berichtet von den schwierigen Erfahrungen während der deutschen Besetzung, bedankt sich für die

Die Missionskirche in Schweden

Svenska Missionskyrkan

Die Freien evangelischen Gemeinden in Belgien

Worte von Friedrich Heitmüller und drückt seine Bereitschaft zur Vergebung aus.

Die Zahlen steigen

Heute gehören zum Internationalen Bund Freier evangelischer Gemeinden über 30 Mitgliedsbünde mit einer halben Million Gemeindemitgliedern in 20 verschiedenen Nationen. Nach dem Niedergang des Kommunismus, dem Fall der Berliner Mauer und mit dem Aufbruch der Glasnost-Ära zu Beginn der Neunzigerjahre ergaben sich auch Möglichkeiten zur Verbindung mit Russland und anderen osteuropäischen Gruppen und Bünden aus Freien evangelischen Gemeinden. Neue Mitgliedsbünde aus Bulgarien, der tschechischen und der slowakischen Republik sind mittlerweile hinzugekommen. Und aus den Missionsfeldern in Südamerika und Asien sind eigenständige Gemeindebünde entstanden.

▶ *Weitere Informationen im Internet unter www.international.feg.de*

Präsidenten des Internationalen Bundes Freier evangelischer Gemeinden

1948–1954	Johann Gustafsson
1954–1965	Friedrich Heitmüller
1966–1974	Wilhelm Gilbert
1974–1978	Jose Martinez
1978–1986	Milton Engebretson
1986–1994	Walter Persson
1994–1996	Paul Cedar
1996–1998	Paul E. Larsen
1998–2002	Bjørn Øvind Fjeld
2002–2006	Krister Andersson
seit 2006	Bill Hamel

Die Covenant Church of America

Die Evangelical Free Church of America

MULTIPLYING HEALTHY CHURCHES AMONG ALL PEOPLE

Aufeinander zugehen!

Der Bund Freier evangelischer Gemeinden unterscheidet sich von anderen Kirchen nicht durch Sonderlehren. Freie evangelische Gemeinden zeichnen sich vielmehr durch ihr bestimmtes Kirchen- und Gemeindeverständnis aus. Freie und persönliche Entscheidung für den Glauben an Jesus Christus und ein verbindliches Leben in seiner Nachfolge sind besondere Anliegen.

Es ist ein zentrales Anliegen der Freien evangelischen Gemeinden, mit anderen Kirchen und Gemeinden in Kontakt zu treten und gute Beziehungen zu fördern. Bei diesem Bemühen spielen drei Bereiche eine wichtige Rolle: die Vereinigung Evangelischer Freikirchen, die Evangelische Allianz und die Arbeitsgemeinschaft Christlicher Kirchen.

> Wahrlich, die Stellung der Gemeinde Christi in dem Universum ist eine großartige, denn sie teilt dieselbe mit ihrem glorreichen Haupt.
>
> FeG-Zitate – Nr. 13 – Carl Bender

Die Vereinigung Evangelischer Freikirchen

Die Vereinigung Evangelischer Freikirchen

Freikirchen und freikirchliche Gemeindeverbände schließen sich bereits 1926 zu einer Arbeitsgemeinschaft, der „Vereinigung Evangelischer Freikirchen" (VEF), zusammen. Diese dient der Förderung gemeinsamer Aufgaben, der Vertiefung zwischenkirchlicher Beziehungen sowie der Vertretung gemeinsamer Belange nach außen. Mitglieder sind neben dem Bund Freier evangelischer Gemeinden u.a. die Arbeitsgemeinschaft Mennonitischer Gemeinden in Deutschland, der Bund Evangelisch-Freikirchlicher Gemeinden in Deutschland, der Bund Freikirchlicher Pfingstgemeinden, der Christliche Gemeinschaftsverband Mülheim a.d. Ruhr, die Evangelisch-methodistische Kirche, die Heilsarmee in Deutschland sowie die Kirche des Nazareners.

▶ Weitere Informationen im Internet unter *www.vef.de*

Das Allianzhaus in Bad Blankenburg, Geschäftsstelle der Evangelischen Allianz

Die Evangelische Allianz in Deutschland

Die Evangelische Allianz

Vor etwa 150 Jahren treffen sich in London fast eintausend Christen aus 52 verschiedenen Kirchen und zwölf Ländern, um die Evangelische Allianz zu gründen. Gemeinsam teilen sie die Einsicht: „Es darf doch nicht sein, dass sich die Christen streiten, während die Welt verloren geht!" Und so setzen sie mit dieser weltweit ältesten interkonfessionellen Bewegung einen Kontrapunkt. Heute repräsentiert die weltweite Evangelische Allianz über 100 Millionen Christen in 110 Ländern, in Deutschland sind es etwa 1,3 Millionen. Dabei versteht sich die Evangelische Allianz nicht als Verband von Kirchen, sondern als Gemeinschaft von Christen. Ihren Geschäftssitz hat die Evangelische Allianz im thüringischen Bad Blankenburg.

Dass Angehörige Freier evangelischer Gemeinden in der Evangelischen Allianz mitarbeiten, ist in den meisten Orten selbstverständlich. Sichtbar wird dieses Engagement vor allen Dingen in den jährlichen Allianz-Gebetswochen und evangelistischen Großprojekten wie ProChrist.

▶ Weitere Informationen im Internet unter www.ead.de

Die Arbeitsgemeinschaft Christlicher Kirchen

Die Arbeitsgemeinschaft Christlicher Kirchen (ACK) besteht in Deutschland seit über 50 Jahren. Zu ihr gehören die großen Volkskirchen und viele Freikirchen. Auch wenn viele FeGs Mitglieder der ACK auf lokaler Ebene sind, besitzt der Bund Freier evangelischer Gemeinden in der nationalen ACK lediglich einen Gaststatus. Dies beinhaltet zwar Anwesenheits- und Rederecht, schließt aber die Teilnahme an gemeinsamen ökumenischen Entscheidungen aus. Hintergrund dieser Haltung ist die Einsicht, dass die Einheit der Gemeinde Christi letztlich nicht durch volkskirchliche Kirchenmodelle dargestellt werden kann.

▶ Weitere Informationen im Internet unter www.oekumene-ack.de

ProChrist und JesusHouse – gemeinsame Projekte vieler Kirchen und Gemeinden im Rahmen der Evangelischen Allianz

Schritte gehen

Das Bundeshaus

Das Bundeshaus in Witten

> Ein Diener Christi soll die Bibel lesen, nicht Betrachtungen; er soll zur Quelle gehen, nicht zum Kran.
>
> FeG-Zitate – Nr. 14 – Friedrich Grenner

Bundesgeschäftsführung

Bis spät in die Zwanzigerjahre verfügt der Bund über keine eigene Verwaltungsstelle. Die Geschäftsführung und die einzelnen Arbeitszweige sind in der Regel dort angesiedelt, wo der jeweilige Leiter wohnt. 1927 kann endlich der Bundes-Verlag auf seinem neu erworbenen Gelände in Witten-Bommern das sogenannte „Bundeshaus" zur Verfügung stellen. 1985 erwirbt der Bund dieses Verwaltungsgebäude im Wittener Goltenkamp.

Zum Herz des Bundeshauses gehört die Bundesgeschäftsführung. Hier werden die ge-

Karl Mosner (links) und Wilhelm Wöhrle (rechts) bei der Einweihung des erweiterten Bundeshauses 1950

Deutschland

meinsamen Finanzen verwaltet und ihren Bestimmungen entsprechend investiert. Die Geschäftsführung bzw. die Verwaltung des Bundes erfüllt aber nicht nur bundesbezogene Aufgaben, sondern versteht sich auch als Dienstleister für die einzelnen Ortsgemeinden.

In unterschiedlichen Bereichen werden die Ortsgemeinden konkret unterstützt.

Grundstücksverwaltung

Eine große Zahl der Gemeindeimmobilien wird von der Gemeinwohl Immobilien-GmbH, einer gemeinnützigen Tochtergesellschaft des Bundes, verwaltet. Seit den späten 90er-Jahren werden neue Grundstücke auf den Namen des Bundes erworben. Für die konkrete Unterstützung der Gemeinden spielt dies aber keine Rolle. Hier werden manche anfallenden Arbeiten hinsichtlich der Grundstücke, unabhängig davon, ob es sich um KdöR- oder Gemeinwohl-Grundstücke handelt, erledigt. Eng verbunden ist damit ein Versicherungsservice. Über den Bund werden nicht nur für die Immobilien Sachversicherungen abgeschlossen, sondern auch alle anderen Bereiche der Gemeindearbeit werden durch Sammelverträge abgedeckt.

Gehaltsabrechnung

Eine wichtige Dienstleistung ist die Durchführung der Gehaltsabrechnung der Gemeindepastoren, Gemeindereferenten und einzelner anderer Gemeindemitarbeiter. Hier wird die Gehaltsabrechnung für ca. 460 Gehaltsempfänger durchgeführt, davon sind über 300 als Gemeindepastoren tätig. Zusätzlich werden ca. 160 geringfügige Beschäftigungen im Auftrag der Gemeinden abgerechnet. Nicht nur die Gehälter werden abgerechnet, sondern auch Direktversicherungen als zusätzliche Altersvorsorge abgeschlossen und verwaltet. Hinzu kommt seit dem 1.4.2002 das Versorgungswerk im Bund Freier evangelischer Gemeinden, welches den ganzen Aufgabenkatalog der staatlichen Rentenversicherung abdeckt.

Rechtsfragen

Je nach Themengebiet werden tagtäglich von einzelnen Mitarbeitern des Bundeshauses oder vom Bundesgeschäftsführer Rechtsfragen aus dem Gemeindealltag beantwortet. Der Bund wird gefragt in Kassenangelegenheiten, Urheberrechten und Mietvertragsfragen.

Archiv

Im Bundeshaus wird die Geschichte der Freien evangelischen Gemeinden dokumentiert. Druck- und Tonerzeugnisse des Bundes und der Ortsgemeinden werden im Bundesarchiv gesammelt. Gemeinden können hier bei Interesse Dokumente, die ihre Geschichte betreffen, einsehen.

▶ *Weitere Informationen im Internet unter www.bundeshaus.feg.de*

Bundesgeschäftsführung

1912–1943	Ernst Pickardt (ehrenamtlicher Bundesschatzmeister)
1925–1935	Walter Hermes (Bundesschriftführer)
1938–1951	Karl Mosner (Bundesgeschäftsführer)
1952–1987	Heinz-Adolf Ritter (Bundesgeschäftsführer)
1951–1977	Ernst Lenhard (Bundesrechnungsführer)
1977–1987	Jürgen Hedfeld (Bundesrechnungsführer)
1987–1991	Jürgen Hedfeld (Bundesgeschäftsführer)
1992–1995	Hartwig Wägner (Bundesgeschäftsführer)
seit 1995	Klaus Kanwischer (Bundesgeschäftsführer)

Bundespflege – Hilfen für eine gesunde Gemeindeentwicklung

> Erst muss ich glauben, dass ich durch Christum gerettet bin; dann werde ich auch meine Rettung fühlen.
>
> FeG-Zitate – Nr. 15 – Hermann Heinrich Grafe

In der sogenannten „Bundespflege" für Gemeinden geht es um praktische Hilfe für eine gesunde Gemeindeentwicklung. Zur weiteren Bundespflege gehört auch die Begleitung der Pastoren und ihre Weitervermittlung.

Der ehemalige Geschäftsführer des Bundes Freier evangelischer Gemeinden, Heinz-Adolf Ritter, betont 1960, Bundespflege habe es mit lebendigen Menschen zu tun. „Häufig ist Bundespflege ein Ringen um einzelne Menschen, oft geht es um den Weg einer ganzen Gemeinde oder um Schwierigkeiten in einem Bundeswerk. Weiter soll die Bundespflege daran wirken, dass nicht nur die Mitglieder einer Ortsgemeinde untereinander, sondern dass sich alle Gemeinden eng zusammenfügen und fest zusammenhalten und so zu einem gesunden Wachstum kommen. Nicht zuletzt will die Bundespflege Motor sein, um die Gemeinden immer neu in Bewegung zu halten für ihre missionarisch-diakonisch-evangelistischen Aufgaben."

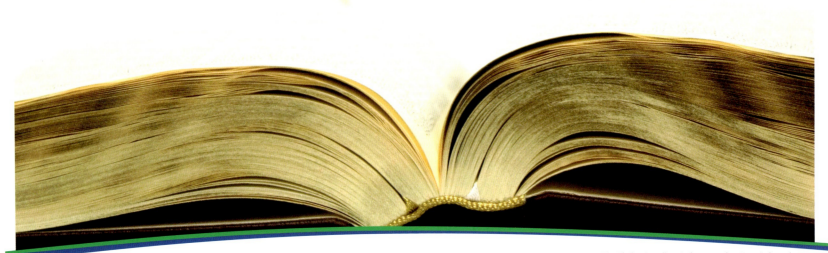

Die Bibel – Grundlage jedes gesunden Gemeindewachstums

Deutschland

Die Herbsttagungen sind das jährliche Angebot der Bundespflege für Gemeindeleitungen und Pastoren. Für etwa eine Woche finden diese Seminare in Bethanien (Langeoog), auf dem Forggenhof (Füssen) und an anderen Orten statt.

30 Jahre später beruft die Bundesleitung aufgrund der wachsenden Gemeindezahl einen zweiten Bundespfleger. Dabei entscheidet man sich für eine funktionale Teilung der Aufgaben. Ein Bundespfleger ist weiterhin für die Gemeindeberatung zuständig, ein weiterer für die Begleitung und Vermittlung von Pastoren. Die Bezeichnung „Bundessekretär" ersetzt nun den des „Bundespflegers".

Im Jahr 2008 wird die Bundespflege neu koordiniert. Hintergrund sind die flächenmäßige Ausdehnung durch die Wiedervereinigung und das stetige Wachstum der Gemeinden. Nun gibt es fünf Regionen, die jeweils von einem Bundessekretär unterstützt werden.

Aufgaben der Bundespflege

Zu den Aufgaben und Zuständigkeiten der Bundespflege gehören heute folgende Bereiche:
- Gemeindeberatung und Schulung für missionarischen Gemeindeaufbau. Das geschieht in individueller Beratung von Gemeindeleitungen, in Gemeindeanalysen und Gemeindeseminaren;
- Motivation und Ausbildung ehrenamtlicher Leiter und Mitarbeiter der Gemeinden. Dies erfolgt durch Gastunterricht am Theologischen Seminar in Ewersbach, durch Grund- und Aufbaukurse für Gemeindeleitungen, durch Tagungen für leitende Mitarbeiter und durch Supervision von Gemeindeleitungen zur Gemeindeentwicklung;
- Begleitung und Vermittlung in Konfliktangelegenheiten der Gemeinde;
- Vermittlung von Pastoren für Gemeinden, die einen Pastor suchen;
- besondere Begleitung von Pastoren in den ersten Dienstjahren;
- Coaching der Pastoren;
- Vorbereitung der Aufnahme neuer Gemeinden in die Bundesgemeinschaft, Ordnung und Veränderung der Bundeskreise, Koordination von Kontaktbesuchen der Bundesleitung;
- Mitarbeit in Gremien, in denen die Kenntnis von Gemeindeaufbau und Pastorenbegleitung von Bedeutung ist. Dazu gehören Bundesleitung, Bundesrat und Bundestag, Arbeitskreise für Pastorenausbildung, Pastorenwechsel und -berufung sowie Kolloquien mit externen Bewerbern für den Pastorendienst innerhalb der Bundesgemeinschaft.

▶ Weitere Informationen im Internet unter www.bundespflege.feg.de

Bundessekretäre

1925–1935	Walter Hermes
1936–1938	Karl Mosner
1945–1964	Albert Fuhrmann
1965–1973	Karl-Heinz Knöppel
1973–1983	Ernst Schwedes
1983–1991	Peter Strauch
1990–2006	Wolfgang Schulze (Gemeinden)
1991–2004	Wolfgang Dünnebeil (Pastoren)
seit 2004	Reinhard Spincke (Pastoren)
seit 2006	Bernd Kanwischer (Gemeinden)
seit 2008	Erhard Baum (Nord)
	Bernd Kanwischer (Mitte-Ost)
	Reinhard Spincke (West)
	Artur Schmitt (Süd)
	Burkhard Theis (Mitte-West)

FeG Jugend und Teenager

> Wo wir das Feuer der Liebe Christi empfinden, da fragen wir nicht lange, auf welchem Herd es brennt.
>
> FeG-Zitate – Nr. 16 – Hermann Heinrich Grafe

Die Anfänge der Jugendarbeit im Bund Freier evangelischer Gemeinden sind bündischer Natur und gehen auf das Jahr 1884 zurück. Heute verstehen sich die Angebote im Rahmen der Jugend-, Teenager- und jungen Erwachsenen-Arbeit als ein festes Element der Ortsgemeinden mit dem Ziel, junge Menschen in die Nachfolge Jesu zu führen und sie vor allem in ihrer spirituellen Weiterentwicklung zu fördern.

Schwerpunkte der Arbeit

Das Bundesjugendtreffen (BUJU) mit Festivalcharakter ist ein regelmäßiger Höhepunkt der gesamten Bundesjugendarbeit. Noch nicht so traditionsreich wie das BUJU, aber von wachsender Bedeutung ist der Leiterkongress, der besonders der Förderung junger Leiter dient. Im Bereich der regionalen Angebote sind die Ferienbibelkurse zu nennen, die in Verbindung mit dem Arbeitszweig „Kinder" des Bundes FeG in den Weihnachtsferien durchgeführt werden. Ziel ist die altersgemäße Schulung und Förderung durch lebensnahe biblische Lehre.

Als traditionelles Standbein hat die Freizeitarbeit nach wie vor entscheidende Bedeutung, sowohl in der charakterlichen als auch in der geistlichen Entwicklung von jungen Leuten.

Dem missionarischen und sozial-diakonischen Auftrag kommt die Bundesjugendarbeit mit verschiedenen Angeboten nach:

Jugend

Jugend-Missions-Teams im Ausland, Missionsfreizeiten im Inland und langfristige sozial-missionarische Projekte als sog. Bundesjugendopfer im In- und Ausland. Einen immer wichtigeren Bereich nimmt das sozial-diakonisch ausgerichtete „Diakonische Jahr/FSJ" ein, das jungen Leuten einen bundesweiten Einsatz ermöglicht.

Als sogenanntes niedrigschwelliges Angebot für Heranwachsende spielt die „offene Arbeit" eine wichtige Rolle. Durch Cafés u.Ä. mit zielgruppenorientierten Programmen werden Möglichkeiten zur Begegnung, zur Freizeitgestaltung und Lebensbewältigung geschaffen.

Jugendgottesdienste, die von Jugendlichen für ihre Altersgruppe gestaltet werden, spiegeln die Vielfalt der Jugendkulturen und der Gemeinden wider. Sie sind ein Ort, an dem jugendlicher Glaube einladend und aufbauend Gestalt gewinnt.

Durch Schulungen, zumeist auf Kreisebene, wird die lokale Arbeit fachkompetent gefördert und geistlich gestärkt.

Eine wichtige Funktion für die bundesweite Arbeit hat die „Arbeitsgemeinschaft Jugend" (AGJ), die die Gesamtheit der Bundesjugendarbeit verantwortet und in der darum alle Bundeskreise mit Delegierten des Bereiches „Jugend" vertreten sind. Ihr zur Seite steht der „Jugendarbeitskreis" (JAK), der – von der Bundesleitung berufen – die Belange dieses Arbeitsbereiches zusammen mit den Referenten vertritt.

▶ *Weitere Informationen im Internet unter www.jugend.feg.de*

Treffen der Jugendgruppen der Wuppertaler FeGs 1925

Bundesjugendleiter

1894	Friedrich Wilhelm Kaiser, Stellvertreter: Friedrich Fries
1922–1930	Karl Krull (erster vollzeitlicher Jugendsekretär)
1930–1937	Hermann Hein (seit 1934 vollzeitlich)
1951–1954	Albert Fuhrmann (parallel zur Bundespflege)
1952–1954	Paul Lenz (DDR)
1954–1958	Immanuel Knoll, Hermann Klingelhöfer, Johannes Schmidt (DDR)
1954–1956	Gerhard Kuhlmann
1956–1957	Rudolf Ahrens
1956–1960	Emmi Müller (Bundesjugendpflegerin)
1957–1961	Paul Lenz
1958–1974	Johannes Schmidt (DDR)
1961–1965	Otto Fleschenberg
1965–1973	Arthur Nagel
1973–1983	Peter Strauch
1974–1980	Manfred Leisering (DDR)
1980–1990	Michael Höring (DDR)
1983–1991	Dieter Martschinke
1991–1992	Harald Peil
1992	Aufteilung in die Bereiche „Jugend" und „Teenager"
1992–1998	Harald Peil (Jugend)
1992–1998	Klaus Nieland (Teenager)
1998–2002	Klaus Nieland (Jugend)
1999–2007	Tim Linder (Teenager)
2002–2006	Volker W. Muhlack (Jugend)
seit 2007	Andreas Schlüter (Jugend)
seit 2007	Vanessa Weirich (Teenager)

FeG
Kindergottesdienst, Jungschar und Pfadfinder

Geschichte

„Die Sonntagschul' ist unsre Lust und wird es mehr und mehr ...", so dichtet Ernst Gebhardt 1869. Die christlichen „Sonntagsschulen" entstehen in England um 1780. Hier verbinden sich starke diakonische und pädagogische Anliegen. In Deutschland werden sie dann durch den Baptisten Johann Gerhard Oncken 1834 eingeführt.

Auch Freie evangelische Gemeinden nehmen das Anliegen der Sonntagsschule sehr ernst, Kinder zum Glauben an Jesus Christus zu führen und sie biblisch zu unterweisen. Begründet wird das missionarische und pädagogische Engagement durch das Jesuswort: „Lasst die Kinder zu mir kommen ..." So gründen einzelne Gemeinden in vielen Stadtteilen und Dörfern Sonntagsschulen, die meistens nach den Gottesdiensten um 11.00 Uhr stattfinden. Über die erste FeG in Elberfeld-Barmen wird 1882 berichtet: „Mit der Gemeine stehen in Verbindung 12 Sonntagsschulen; es bestehen zwei Fabrikschulen, in welchen etliche Schwestern Mädchen, die die Fabriken besuchen, in Handarbeit unterrichten."

Die Inhalte und Konzepte der „Sonntagsschule" haben sich weiterentwickelt. Immer mehr Gemeinden gehen dazu über, vom „Kindergottesdienst" und nicht mehr von der „Sonntagsschule" zu reden. Der Begriff ist in unserer Gesellschaft allgemein verständlicher und trägt dem Aspekt Rechnung, dass es nicht nur um Unterricht geht, sondern auch um Gottesdienst.

> Uns tut eine christozentrische Erweckungs- und Bekehrungspredigt im Sinne eines apostolisch-reformatorisch gereinigten Pietismus not.
>
> FeG-Zitate – Nr. 17 – Friedrich Heitmüller

Kinder

Die Stammesführer der FeG-Pfadfinder während ihres ersten Bundes-Things am 8. November 2009 in Burbach

Sonntagsschule der FeG Wuppertal-Seifenstraße um 1920

Arbeit mit Kindern heute

An dem „Baum" der Arbeit mit Kindern sind im Laufe der Jahrzehnte viele „Äste" gewachsen. Neben der Sonntagsschule bzw. dem Kindergottesdienst, der in fast allen Freien evangelischen Gemeinden gehalten wird und überwiegend Kinder aus „gemeindenahen" Familien erreicht, ist die Jungschar der zweitstärkste „Ast". Andere Arten der Arbeit mit Kindern sind traditionell die Freizeiten, spezielle missionarische Kinderwochen in Gemeindehäusern, Wochenkinderstunden und Hauskinderstunden für jüngere Kinder während der Woche. Zunehmend spielen spezielle Projekte wie das Einüben und Aufführen von Kindermusicals, Spielplatzkinderstunden, Hausaufgabenhilfen usw. eine Rolle. Die Pfadfinderarbeit ist wieder im Begriff, neu zu entstehen.

Angebote des Bundes

Aufgabe des Bundes war und ist es, die Gemeinden und ihre Mitarbeiter zu unterstützen, auch in der Arbeit mit Kindern. Seit jeher geschieht dies durch Mitarbeiterschulungen auf Bundes-, Kreis- und Gemeindeebene und durch das Angebot schriftlicher Arbeitshilfen. Weiter wird Arbeit mit Kindern beispielsweise unterstützt durch überregionale Freizeiten, Ferien-Bibel-Kurse, Jungschartage, Spieleverleihstellen, Programme für Kreis- und Bundeskonferenzen, Mitarbeiterrundbriefe, Materialangebote, Verleihstellen für Medien und gemeinsame Spendenprojekte im In- und Ausland.

▶ *Weitere Informationen im Internet unter www.kinder.feg.de*

Bundesmitarbeiter für Sonntagsschule und Jungschar

1960–1980	Theodor Röger (Leitung) DDR
1955–1969	Rudolf Ahrens (Bundessonntagschulpfleger)
1969–1972	Friedhelm Schirmer (Mitarbeiterpflege)
1969–1972	Ernst Steinbach (Gesamtleitung)
1969–1977	Elisabeth Jakobi (Kinder- und Freizeitarbeit)
1974–1977	Christian Meier (Gesamtleitung)
1978–1993	Jutta Georg (Jungschar)
1978–1994	Marita Imhof (Sonntagsschule)
1980–1990	Werner Eberhardt (Leitung) DDR
1994–1995	Heidi Kostenbader (Jungschar)
1995–2003	Christiana Steger (Jungschar)
1995–2007	Gerhard Mosner (Kindergottesdienst)
seit 2003	Walfried Luft (Jungschar)
seit 2007	Anke Kallauch (Kindergottesdienst)

FeG

Die Auslandshilfe – Das Hilfswerk der Freien evangelischen Gemeinden

Die Auslandshilfe des Bundes Freier evangelischer Gemeinden hat ihre äußeren Wurzeln in den politischen Umwälzungen Osteuropas. 1989 bittet die Bundesleitung Pastor Paul Lenz, die in manchen Gemeinden bereits bestehenden Hilfsinitiativen für Rumänien ehrenamtlich zu koordinieren und neu zu ordnen. Aus den anfänglichen Kleintransporten nach Osteuropa werden bald regelmäßige Hilfstransporte. An vielen Orten in Rumänien, Bulgarien, Ungarn, in Makedonien und im Kosovo kann die Auslandshilfe konkret helfen. Neben der Hilfe für Not leidende Menschen mit Kleidung und Nahrung ist die Einrichtung von Gemeindehäusern, Krankenhäusern und Heimen ein Schwerpunkt. Das logistische Lager der Auslandshilfe als Standort für die Hilfstransporte ist in Eschenburg-Wissenbach angemietet und wird seit 2009 von Christoph Lantelme betreut. Karl Gerhard Köser, der seit 1999 die Auslandshilfe leitete, ging 2008 wieder in den Gemeindedienst zurück und wurde durch Dieter Happel abgelöst. Die hauptamtlichen Mitarbeiter werden durch die vielen ehrenamtlichen Kräfte sehr engagiert unterstützt. Nur so ist die Arbeit zu leisten.

Im September 2001 konnte die Auslandshilfe gemeinsam mit einer deutsch-bulgarischen Stiftung die „Deutsche Klinik Zeichen der Hoffnung" in Gotse Delchev eröffnen. Diese Belegarztklinik im Südwesten von Bulgarien arbeitete nach deutschem Qualitätsstandard. Im Jahr 2008 wurde eine Veränderung der Konzeption vorgenommen. Es gibt ein neues zweistufiges Konzept mit einem stärker diakonischen Ansatz. Die erste Stufe beinhaltet den Bereich „Pflege und Beratung" mit ambulantem Pflegedienst, Patienten- und Angehörigen-Beratung. In der zweiten Stufe wird ein Medizinisches Zentrum mit Hausarzt- und Facharztpraxen sowie Labor und Röntgen eingerichtet. In der Klinik werden somit weiter zum Teil sehr arme Menschen behandelt, die sonst kaum eine Chance auf Hilfe haben.

Die Tagesförderstätte für behinderte Kinder und Jugendliche „Zeichen der Liebe" am sel-

Auslandshilfe

Das Mutter-und-Kind-Zentrum „Lebenszeichen" in Bukarest

ben Ort hat ihre Arbeit Ende 2007 begonnen und ist inzwischen zu einem wichtigen Teil der Stadt Gotse Delchev geworden. Von der Frühförderung bis zur intensiven Förderung der schulpflichtigen Kinder wird hier von den bulgarischen Mitarbeitern mit Unterstützung der Auslandshilfe eine hervorragende Arbeit geleistet. Zur Abrundung dieses Angebotes ist die Einrichtung einer Werkstätte für behinderte Menschen geplant. Auch eine missionarische Gemeindearbeit „Zeichen des Glaubens" ist angestrebt.

In den Jahren 2003 bis 2005 wurde in Bukarest zusammen mit dem Verein „Lebenszeichen" unter rumänischer Leitung eine Arbeit für Mütter mit Kindern begonnen. Zunächst ging es darum, Müttern Hilfe anzubieten, wenn sie auf die Abtreibung ihres Kindes verzichteten. Diese Arbeit konnte im Jahr 2006 durch den Erwerb eines Hauses intensiviert werden. Den engagierten Mitarbeiterinnen gelingt es, Müttern mit neugeborenen Kindern eine neue Perspektive für ihr Leben zu geben.

Bei diesen und anderen Projekten geht es immer um Hilfe zur Selbsthilfe. Darum legt die Auslandshilfe Wert auf eine partnerschaftliche Zusammenarbeit mit den Gemeinden der jeweiligen Länder.

Heute

Auch heute noch leben nach wie vor sehr viele Rentner, Familien und Behinderte in Mittel- und Südosteuropa in großer Armut. Die sozialen Einrichtungen und Krankenhäuser befinden sich teilweise in einem katastrophalen Zustand. In vielen dieser Länder gibt es seitens der Kirchen kaum eine diakonische Tradition. Es ist das Ziel der Auslandshilfe, in diesen Ländern sichtbare Zeichen der Liebe Gottes zu setzen. Dabei versteht sie sich als ein starker und kompetenter Partner der Ortsgemeinden. Mit ihrer Erfahrung setzt die Auslandshilfe den missionarisch-diakonischen Auftrag von Jesus Christus im Namen der Gemeinden in Mittel- und Südosteuropa um.

▶ Weitere Informationen im Internet unter www.auslandshilfe.feg.de

Leiter der Auslandshilfe

1989–1995	Paul Lenz
1995–1999	Manfred Eibach
1999–2008	Karl Gerhard Köser
seit 2008	Dieter Happel

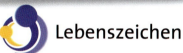

Aufwind-Freizeiten – Das Freizeitenwerk des Bundes

Im April 2002 wird mit Aufwind-Freizeiten ein neues Kapitel in der FeG-Freizeitarbeit aufgeschlagen. Generell bedeutet Urlaub für die meisten Menschen: entspannen, auftanken und offen sein für etwas Neues. Christliche Freizeiten können diese Anforderungen sehr gut erfüllen. Die missionarischen Möglichkeiten in lockerer und ungezwungener Atmosphäre sind wesentlich höher als im stressigen Alltagsumfeld. Christen selbst erhalten in Freizeiten neue Impulse für ihren Glauben, ihre Arbeit in der Gemeinde und nicht zuletzt für den Alltag. Schließlich bieten Freizeiten auch die Möglichkeit, den Urlaub in Gemeinschaft mit anderen zu erleben.

Die Arbeit von Aufwind-Freizeiten verfügt über drei Schwerpunkte:

Freizeitleiter unterstützen

Jedes Jahr engagieren sich Mitarbeiter aus den verschiedenen Bereichen, um Freizeiten zu planen und umzusetzen. Diese Eigeninitiative mit Blick auf ein professionelles Werk zurückzuschrauben würde einen Rückschritt bedeuten. Stattdessen soll die Arbeit durch Aufwind-Freizeiten unterstützt werden. Neben konkreten Hilfsangeboten (z.B. Versicherungen, Häuserdatenbank) gehören hierzu auch Schulungen, wie z.B. der Freizeitmitarbeiter-Lehrgang, der jährlich auf der Insel Wangerooge stattfindet.

Zentrale Angebote

Vor allem für junge Erwachsene oder Familien gab es im Bund Freier evangelischer Gemeinden vergleichsweise wenig Angebote. Große Möglichkeiten der Freizeitarbeit konnten lange Zeit nicht wahrgenommen werden, weil das bestehende Angebot nicht alle Zielgruppen ausreichend abdeckte. Aufwind-Freizeiten erstellt zentrale Angebote und sucht Mitarbeiter und Freizeitleiter. Und da organisatorische Aufgaben vom Freizeitenwerk abgedeckt sind, können sich Mitarbeiter und Leiter auf die inhaltliche Arbeit konzentrieren.

Gemeindefreizeiten fördern

Nicht jede Freizeit soll bundesweit ausgeschrieben werden; einige zielen bewusst auf die Mitglieder der eigenen Gemeinde bzw. einzelne Gruppen ab oder sind für ein regionales Publikum bestimmt. Aufwind-Freizeiten will auch diesen Ansatz unterstützen. Eine Möglichkeit besteht darin, auf fertige Angebote für bestimmte Reiseziele zurückzugreifen. Obendrein besteht die Möglichkeit, offene Plätze bundesweit auszuschreiben.

▶ *Weitere Informationen im Internet unter www.aufwind-freizeiten.de*

Gästehäuser im Bund Freier evangelischer Gemeinden

Seit vielen Jahren sind die Freizeit- und Erholungshäuser im Bund Freier evangelischer Gemeinden ein Ort herzlicher Gastfreundschaft. Ob ganz alleine in der beschaulichen Vor- und Nachsaison oder gemeinsam mit der Familie in der Schulferienzeit – Sie sind jederzeit herzlich willkommen. Einzelne Gästehäuser bieten auch die Teilnahme an einer geselligen Freizeit oder an einer interessanten Themenwoche. Gerne schicken Ihnen die Häuser detaillierte Informationen zu.

Der Forggenhof: eine Perle im Allgäu

Der Forggenhof

Der Forggenhof ist eine Perle im Allgäu. Er liegt direkt im Wanderparadies des Ostallgäuer Voralpenlands bei Roßhaupten. Der Ausblick von der Terrasse ist unbeschreiblich schön. Das Haus steht sowohl Gruppen, Familien als auch Einzelgästen zur Verfügung.

▶ *Forggenhof, Ussenburg 73, 87672 Roßhaupten*
▶ *Weitere Informationen im Internet unter www.forggenhof.de*

Tagungshäuser

Der Wartenberg: ein idealer Platz für Jungscharen und Teenagergruppen

Der Wartenberg

Generationen von Kinder- und Jugendgruppen kennen den Wartenberg. Ein neuer Abenteuerspielplatz, ein Streetballplatz und ein überdachter Lagerfeuerplatz gehören zum Gelände. Das Haus in Witten eignet sich für Kinder-, Teenie- und Jugendfreizeiten, steht Kindergärten und Schulklassen offen und wird auch für Gemeindeausflüge und Seminare gern genutzt.

▶ *Freizeitheim Wartenberg,*
   Wartenbergweg 48, 58453 Witten
▶ *Weitere Informationen im Internet unter*
   www.wartenberg.feg.de

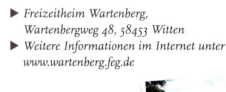

Christliche Erholungshäuser Langeoog

Das Haus Bethanien auf der Nordseeinsel Langeoog ist ein attraktiver Ausgangspunkt zur Urlaubsgestaltung für Familien und Einzelgäste. Der Hauptbadestrand, die Kinderspielhäuser, das Erlebnisbad und das Kurmittelhaus liegen in unmittelbarer Nähe.

Das benachbarte Freizeitheim „Schwedenhaus" spricht Gästegruppen wie Jugendgruppen, Hauskreise, aber auch junge Familien und Schulklassen an.

▶ *Christliche Erholungshäuser Langeoog,*
   Postfach 1153, 26465 Langeoog
▶ *Weitere Informationen im Internet unter*
   www.langeoog-bethanien.de

Die Christlichen Erholungshäuser von Bethanien auf Langeoog: ein Ort, wo der Horizont sich weitet.

FeG

Viele sagen: „Diese Predigt war gut – ich muss sie loben"; wenige sagen: „Diese Predigt war gut – ich will sie befolgen."

FeG-Zitate – Nr. 18 – Otto Bamberger

Weitere FeG-Arbeitszweige

FeG Frauen-Referat

FeG-Referat für Frauen

Frauenspezifische Angebote gehören seit jeher zum festen Bestandteil vieler Freier evangelischer Gemeinden. Das Frauen-Referat des Bundes bietet verschiedene Seminare und Freizeiten an und organisiert bundesweite Treffen für FeG-Frauengruppen.

▶ *Weitere Informationen im Internet unter*
www.frauen.feg.de

Arbeitszweige

FeG Seelsorge

Seelsorge

Seelsorge ist ein biblischer Weg, den Glauben zu stärken und das praktische Leben positiv zu gestalten. Um die Gemeinden bei ihren seelsorgerlichen Bemühungen zu unterstützen, bietet das Referat Seelsorge bundesweite und regionale Seelsorgetage an. Hinzu kommt das Angebot eines differenzierten Seminarangebotes.

▶ Weitere Informationen im Internet unter www.seelsorge.feg.de

FeG Senioren

Senioren

In einer älter werdenden Gesellschaft kommt der Gemeindearbeit mit Senioren eine immer größere Bedeutung zu. Schulungen und Freizeiten des Referats Senioren bieten eine sinnvolle Bereicherung der Aktivitäten vor Ort.

▶ Weitere Informationen im Internet unter www.senioren.feg.de

FeG Öffentlichkeitsarbeit

Öffentlichkeitsarbeit

Informieren und Vertrauen gewinnen ist das Ziel jeder Öffentlichkeitsarbeit. Das Bundeshaus bietet mit seiner Öffentlichkeitsarbeit den Gemeinden praktische Hilfsmittel an. Hier geschieht auch die Koordination der Bundesaktivitäten in den Bereichen Internet, Rundfunk und Fernsehen.

▶ Weitere Informationen im Internet unter www.presse.feg.de

FeG Hauskreise

Gemeindebibelschule (Hauskreise)

In vielen Gemeinden benutzen Hauskreise und Bibelgruppen das HauskreisMagazin. Mithilfe dieser Zeitschrift des Bundes-Verlages werden im regelmäßigen Turnus biblische Texte erarbeitet und für Glauben und Leben besprochen.

▶ Weitere Informationen im Internet unter www.gbs.feg.de

FeG DAG

Diakonische Arbeitsgemeinschaft

In diesem Netzwerk verbinden sich diakonische Einrichtungen des Bundes und solche, die dem Bund inhaltlich nahestehen.

▶ Weitere Informationen im Internet unter www.dag.feg.de

FeG GsF

Gesprächskreis für soziale Fragen (GsF)

Fragen, die sich aus Veränderungen der gesellschaftlichen Rahmenbedingungen ergeben, werden im Gesprächskreis für soziale Fragen erörtert. Dessen regelmäßige Publikationen bieten den Gemeinden eine gute Hilfestellung.

▶ Weitere Informationen im Internet unter www.gsf.feg.de

Mehr Gemeinden, damit mehr Menschen zu Christus finden

Der Slogan der Inland-Mission

FeG
Die Inland-Mission

Nach 1945 arbeitet die Inland-Mission unter den vielen Flüchtlingen des Krieges.

Die Inland-Mission ist der größte Arbeitszweig des Bundes Freier evangelischer Gemeinden. Sie wird bereits im Jahre 1904 unter dem Namen „Evangelisationswerk" gegründet und hat wesentlich zur Entstehung von neuen Freien evangelischen Gemeinden beigetragen.

Vor hundert Jahren liest man in dem Bericht über die FeG-Bundeskonferenz am 1. und 2. Juli 1904, dass ein Komitee für die Evangelisationsarbeit gebildet wird. Dieses Komitee besteht aus Männern wie Otto Schopf, Carl Bender und Gustav Klein. Hermann Bender wird zum Schatzmeister ernannt. Die erste Sitzung dieses Komitees findet im folgenden August statt. Otto Schopf formuliert als Ziel: „Wir wollen ... 1. das Evangelium da verkündigen, wo keine oder noch wenig lebendige Verkündigung des Evangeliums ist, 2. den durch das Evangelium Gewonnenen dienen, indem wir sie ... zur Evangelisation und zu einem geordneten, schriftgemäßen Gemeinschaftsleben anleiten."

Nach dem Zweiten Weltkrieg gehen die Gemeinden in den ehemaligen ostdeutschen Gebieten verloren. Eine wichtige Aufgabe ist es nun, die Gläubigen, die mit den großen Flüchtlingsströmen aus dem Osten kommen, geistlich zu versorgen. Die Gemeinden in der DDR besitzen wegen der politischen Situation wenig Spielraum für Gemeindegründung. Seit 1960 verlagert sich der Schwerpunkt der Arbeit in die großen Städte.

Im Jahr 1965 wird das Evangelisationswerk in „Inland-Mission" umbenannt. Ist Gemeindegründung lange Zeit eher ein Nebenprodukt missionarischer Arbeit, so werden seit den 70er-Jahren bewusst Gemeinden gegründet mit dem Ziel, geistlich unterversorgte Gebiete durch neue Gemeinden zu erreichen. Durch Initiative und mit finanziellen Mitteln der Inland-Mission konnten vor allem in Süddeutschland und in zahlreichen Großstädten neue Gemeinden aufgebaut werden. Etwa seit 1990 weitet sich der Auftrag der Inland-Mission nochmals aus. Sie hilft durch Schulung und Beratung Gemeinden dabei, Tochtergemeinden zu gründen. Und sie gibt Impulse an die Bundeskreise, den missionarischen Auftrag in der Region zu entdecken und selbst Verantwortung für die Gründung von neuen Gemeinden zu übernehmen. Dadurch ist die Inland-Mission gleichzeitig „Missionswerk" des Bundes und „Dienstpartner" für Kreise und Gemeinden. Wurden zwischen 1980 und

Inland-Mission

1990 immerhin schon 38 neue Freie evangelische Gemeinden gegründet, so waren es zwischen 1990 und 2000 schon 78 und seither im Durchschnitt etwa 9 pro Jahr. Um diese Entwicklung zu fördern, verabschiedete die Leitung unseres Bundes im Jahr 2005 die Vision, von 2006 bis Ende 2015, also in 10 Jahren insgesamt 100 neue Gemeinden zu gründen. Inzwischen beschäftigt sich eine wachsende Zahl von Gemeinden mit der Frage, eine Tochtergemeinde zu gründen. Ebenso hat die Anzahl der Arbeitskreise für Gemeindegründung auf Kreisebene zugenommen. Dies alles geschieht nicht, um die Anzahl von Gemeinden einer bestimmten Richtung, also typisch FeG, zu vermehren, sondern damit durch neue Gemeinden immer mehr Menschen zu Christus finden, die bisher noch von keiner Gemeinde erreicht wurden. Dazu werden unsere Gemeindegründungen und damit unsere Freien evangelischen Gemeinden zukünftig vielschichtiger und vielseitiger werden. Zum Beispiel wird es Gemeindegründungen mit neuem Schwerpunkt in Städten geben, in denen es bereits eine Freie evangelische Gemeinde gibt. Es werden neue Gemeinden entstehen, die ihre Gottesdienste per Satellit oder DVD von ihrer Muttergemeinde übertragen bekommen oder sich nur in sogenannten Hauskirchen treffen. Unter bestimmten Zielgruppen werden Gemeinden entstehen, die sich spezialisieren. Darunter auch Gemeinden, deren Schwerpunkt eine Arbeit unter Migranten, unter englischsprachigen Geschäftsleuten oder auch eine diakonische Arbeit ist. Das bedeutet, wir werden auf vielseitige Art und Weise unterschiedlichste Gemeinden gründen, damit möglichst viele Menschen gerettet werden. So wie Paulus es meint mit den Worten: „Allen bin ich alles geworden, um auf jeden Fall einige zu retten" (1. Kor. 9,22).

▶ Weitere Informationen im Internet unter www.inland-mission.feg.de

Leiter der Inland-Mission

1904–1913	Otto Schopf
1913–1940	Hermann Bender
1940–1964	Albert Fuhrmann
1966–1994	Ernst-Wilhelm Erdlenbruch
1994–2006	Erhard Michel
seit 2008	Dietrich Schindler

In den 70er-Jahren werden zielgerichtet neue Gemeinden in Süddeutschland und in den Großstädten gegründet.

Heute entdecken mehr und mehr Gemeinden die Gemeindegründung als ihre eigene Herausforderung.

Das Theologische Seminar Ewersbach

Das neue Gebäude des Theologischen Seminars in Dietzhölztal-Ewersbach

Die alte Predigerschule in Wuppertal-Vohwinkel

Das Theologische Seminar Ewersbach ist die Ausbildungsstätte der Freien evangelischen Gemeinden für ihre Pastoren und für die Missionare der Allianz-Mission. Seit der Gründung des Bundes Freier evangelischer Gemeinden im Jahr 1874 wurde über die Einrichtung einer eigenen Ausbildungsstätte „für Diener des Wortes Gottes" nachgedacht. Mit sechs Schülern beginnt dann am 10. April 1912 in den Räumen der Freien evangelischen Gemeinde in Vohwinkel (heute ein Stadtteil von Wuppertal) der Unterricht. Der Erste Weltkrieg setzte der „Predigerschule" vorübergehend ein Ende. 1919 startet man erneut mit einem auf vier Jahre angelegten „Lehrgang".

Nazi-Regime und der Ausbruch des Zweiten Weltkriegs hinterlassen tiefe Spuren. 1939 muss die Ausbildungsstätte geschlossen werden, da fast alle Schüler zum Militär eingezogen werden. Bald wird das Schulhaus von der Wehrmacht in Beschlag genommen, später finden hier ausgebombte Familien ein Dach über dem Kopf. Wohnraum ist nach Kriegsende in der Großstadt knapp, die Versorgungslage erbärmlich und an eine Wiedereröffnung der Predigerschule in Wuppertal-Vohwinkel nicht zu denken.

Theologisches Seminar

Die Leitung des Bundes Freier evangelischer Gemeinden beschließt daher 1946, die Predigerschule in ein frei gewordenes Reichsarbeitsdienstlager im hessischen Ewersbach (heute ein Ortsteil von Dietzhölztal) zu verlegen. Mitglieder der Freien evangelischen Gemeinden Ewersbach und Eibelshausen schenken dem Bund das Gelände auf dem Kronberg in Ewersbach. Gleichzeitig wird dort, nach der notwendigsten Instandsetzung der etwa zehn Baracken, mit einer Altenheimarbeit begonnen. Das „Bundeswerk Kronberg" ist gegründet.

Es ist ein bescheidener und schwerer Wiederanfang für die Predigerschule. Doch heute ist das Theologische Seminar eines der geistlichen Zentren des Bundes Freier evangelischer Gemeinden. Seit 1912 haben etwa 900 Studenten das Studium des Seminars absolviert.

Das Ausbildungsangebot am Theologischen Seminar Ewersbach umfasst heute:

- ein fünfjähriges Studium als Ausbildung zum Pastor oder Missionar, in dem die biblischen Sprachen Griechisch und Hebräisch, Grundlagen und Spezialwissen in der biblischen, systematischen und praktischen Theologie sowie in Kirchengeschichte und Missiologie vermittelt werden;
- ebenso ein dreijähriges Studium für Gemeindediakone und -diakoninnen;
- ein Kandidatenjahr für diejenigen, die ausnahmsweise mit einem Theologiestudium an einer vergleichbaren Ausbildungsstätte Pastor im Bund Freier evangelischer Gemeinden werden wollen;
- ein Gaststudium, vor allem für ausländische Studenten;
- öffentliche Vorlesungen zu Fragen des Glaubens, zur Philosophie- und Theologiegeschichte sowie
- die Klinische Seelsorgeausbildung (KSA), vor allem für Pastoren.

▶ Weitere Informationen im Internet unter www.tse.feg.de

Rektoren

1912–1935 Jakob Millard
1935–1961 Walter Quiring
1964–1976 Friedhelm Sticht
1976–1997 Gerhard Hörster DD
1997–2009 Dr. Wilfrid Haubeck
seit 2009   Michael Schröder

Das Kollegium im Jahr 2007

Das Kollegium des Theologischen Seminars 1978

Die Absolventen von 2009

Christus für die Welt – Allianz-Mission

Gott ist der Erfinder der Weltmission! – Seine Liebe gilt allen Menschen gleichermaßen. In der Sendung Jesu in unsere Welt hat Gott gezeigt, wie er sich Mission vorstellt. – Wir missionieren, weil Gott uns dazu beauftragt hat und weil jeder Mensch das Recht hat, die Liebe Gottes persönlich kennenzulernen!

Vor über 120 Jahren gründeten der Kaufmann Carl Polnick und der amerikanische Evangelist Frederik Franson den Vorläufer der Allianz-Mission (AM). Damit ist die AM die zweitälteste Auslandsmission in Deutschland. Schon 1890 wurden die ersten Missionare nach China ausgesandt, darunter auch zwei Frauen, was für die damalige Zeit sensationell war. Die erfolgreiche Missionsarbeit wird durch den Boxeraufstand offiziell beendet. Doch bis heute wirkt ein AM-China-Missionarsteam im Untergrund.

Heute ist die AM eine der größten deutschen Außenmissionen mit derzeit insgesamt etwa 180 Mitarbeitern weltweit. Auf vier Kontinenten arbeiten 125 Langzeitmissionare mit mehr als 40 Kurzzeitmitarbeitern in 21 Ländern. In der Missionszentrale im hessischen Dietzhölztal-Ewersbach wird das interkulturelle Engagement durch 15 (Teilzeit-)Mitarbeiter verwaltet. Die geschmackvoll und zweckmäßig eingerichteten Büroräume liegen im repräsentativen Kronberg-Forum, welches auch die Heimat des Theologischen Seminars im Bund der Freien Evangelischen Gemeinden in Deutschland ist.

> Als wenn das, was ist, darüber entscheiden dürfte, was sein soll!
>
> FeG-Zitate – Nr. 19 – Hermann Heinrich Grafe

Das Arbeitsgebiet der Allianz-Mission in China bis 1952

Spezialisierte Mitarbeiter bemühen sich weltweit auf unterschiedlichste Weisen darum, die Gute Nachricht von Jesus Christus publik zu machen:

- schwerpunktmäßig dort, wo sie noch nicht bekannt ist (in unerreichten Gebieten und Völkern ...),
- und neue biblisch fundierte selbstständige Gemeinden zu gründen (Gemeindegründung und -aufbau)
- und diese zu wirksamen Strukturen zusammenzuschließen (Bundesgründungen)
- und die Christen anzuleiten, nach den Maßstäben der Bibel zu leben (biblisch-theologische und Laienausbildung),
- in ganzheitlicher christlicher Welt-Verantwortung (soziales Engagement aus christlicher Nächstenliebe).

Deshalb engagieren sich AM-Mitarbeiter weltweit auch in:

- Evangelisation und Gemeindegründung
- medizinischer (AIDS-) Aufklärung und Kurativmedizin
- ausgesuchten Sozialprojekten und Aktionen
- Bibelübersetzung und -verbreitung
- biblisch-theologischer Aus- und Fortbildung
- christlicher Literatur-, Radio-, Fernseharbeit
- Jugend- und Kinder-Hilfsfonds
- Hunger-, Katastrophenhilfe

Mission ist der Weg von der Gemeinde zur Gemeinde! Diese Aussage des Theologen Otto Michel beschreibt den Hauptauftrag der neutestamentlichen Gemeinde.

Sie ist von Christus, dem Herrn der Gemeinde, dazu bestimmt, sich fortzupflanzen, genauer gesagt, sich zu vermehren. Biblische Gemeinde will qualitativ und quantitativ wachsen. Sie hat, nach dem Missionsauftrag Jesu, ihres Gründers, immer die weltweite Ausbreitung zum Ziel.

Missionsleiter

1889–1919	Carl Polnick
1919–1923	Karl Engler
1923–1930	Wilhelm Rosenkranz
1930–1964	Kurt Zimmermann
1961–1981	Hans Flick
1982–2000	Heinz Müller
2000–2007	Ansgar Hörsting
seit 2008	Erhard Michel

Vorsitzende der Allianz-Mission

1889–1912	Carl Paas
1914–1931	August Rudersdorf
1931–1934	Hermann Krafft
1936–1938	Otto Dreibholz
1938–1972	Karl Dietrich
1972–1980	Heinz Röger
1981–2003	Willy Weber
seit 2003	Dieter Achenbach

Diakoniewerk Bethanien

1896 gründen Friedrich Fries (1856–1926) und Robert Kaiser (1862–1936) die „Genossenschaft Diakonieverein Bethanien" in Witten. Im selben Jahr können die ersten vier Diakonissen aufgenommen werden. Aus bescheidenen Anfängen entwickelt sich rasch eine blühende diakonische Arbeit mit dem Schwerpunkt der Altenpflege und Gemeindediakonie. 1920 kann die heute noch bestehende Erholungsarbeit auf der Nordseeinsel Langeoog begonnen werden. 1927 zieht die Diakonissenschwesternschaft nach Solingen-Aufderhöhe, wo 1939 auch ein eigenes Krankenhaus eröffnet werden kann.

Robert Kaiser und die ersten Diakonissen von Bethanien

Die Brosche der Bethanien-Diakonissen

Heute ist das Diakonische Werk Bethanien e.V. Träger mehrerer Seniorenzentren, eines Ambulanten Pflegedienstes, eines Fachseminars für Altenpflege, eines Krankenhauses und verschiedener Seelsorge-, Therapie- und Erholungseinrichtungen. Als Bundeswerk der Freien evangelischen Gemeinden versteht sich Bethanien als verlängerter Arm der Gemeinden, um den diakonischen Auftrag Christi auszuüben.

Mitglieder des Vereins „Diakonisches Werk Bethanien e.V." sind Freie evangelische Gemeinden sowie Einzelpersonen, die einer Freien evangelischen Gemeinde angehören. Als Aufsichts- und Beratungsgremium fungiert der Verwaltungsrat, der von der Mitgliederversammlung gewählt wird. Verantwortlich für die Arbeit in den Bethanien-Einrichtungen ist der hauptamtliche Vorstand des Werkes, den der Verwaltungsrat beruft. Der Vorstand besteht aus dem Direktor als Vorsitzenden, der Oberin und dem Geschäftsführer.

Zum Diakonischen Werk Bethanien gehören zwei Diakoniegemeinschaften: die Diakonissenschwesternschaft und der Diakonieverband „Bethanien".

Eine Standortbestimmung

Bethanien – das heißt „Haus des Elends". Dieser Name drückt den inhaltlichen Kern der Arbeit aus. Das Elend dieser Welt soll nicht verdrängt werden, sondern Menschen, die sich „elend" fühlen, sollen kommen und in Bethanien ein Zuhause finden.

Das diakonische Motto von Bethanien lautet „leben helfen". „Leben helfen" heißt hinschauen und begleiten, hinhören und beraten, pflegen und heilen, trösten und fördern. Zum Dienst gehört die jeweils nötige fachliche Hilfe, die menschliche Zuwendung, die Verkündigung des Evangeliums und das Angebot der Seelsorge.

Diakonie (= Dienst) gründet im Wesen Gottes, wie es sich in Jesus Christus, in seinem Leben, seinem Sterben und seiner Auferstehung zeigt. Die Bibel bezeugt, dass Gott sich in Liebe den Menschen zuwendet und Notleidenden seine Hilfe zuteilwerden lässt.

Weil der diakonische Auftrag der ganzen Gemeinde Jesu Christi gilt, ist die Gemeinde der eigentliche Träger diakonischer Einrichtungen. Diakonie braucht die Gebete der Gemeinden, von Gemeinden entsandte Mitarbeiter und von Gemeinden bereitgestellte Finanzmittel. Um die gemeindliche Verwurzelung unserer Arbeit zu erhalten und zu fördern, werden intensive Kontakte zu den Gemeinden gepflegt.

▶ Weitere Informationen im Internet unter www.diakonie-bethanien.de

Die Einheit aller Kinder Gottes ist vorhanden, nicht zu machen.

FeG-Zitate – Nr. 20 – Heinrich Neviandt

Das Krankenhaus des Diakonischen Werkes Bethanien in Solingen

Das Seniorenzentrum in Dietzhölztal-Ewersbach

Das Seniorenzentrum in Halver

Mitglieder und Vorsitzende des Verwaltungsrates

1896–1926	Friedrich Fries
1896–1938	Jakob Millard
1921–1937	Wilhelm Reuter
1932–1964	Karl Glebe
1963–1976	Wilhelm Gilbert
1952–1981	Dr. Helmut Simons
1963–1992	Horst Neeb
1974–1983	Ernst Schwedes
1992–1995	Otto Imhof

Mitglieder und Vorsitzende des Vorstandes

1896–1927	Robert Kaiser
1927–1948	Wilhelm Paulerberg
1948–1955	Albert Fuhrmann
1948–1959	Herbert Kuwatsch
1957–1967	Adolf Kaiser
1959–1987	Rolf Zanke
1967–1983	Erich Frank
1983–1995	Ernst Schwedes
1989–1991	Heinz-Theodor Funk
1991–1993	Martin Gerhard
1993–1998	Reiner Rogowski
seit 1995	Otto Imhof
seit 2000	Eckhard Rieger

Oberinnen

1896–1898	Lina Löhe
1900–1938	Hanna Hoevel
1938–1948	Lydia Nöll
1948–1962	Auguste Thielmann
1962–1985	Ilse Seeger
1985–1998	Ilse Fuhrmann
seit 1998	Ursula Biallowons

Stiftung Freie evangelische Gemeinde in Norddeutschland

Im August 1892 bricht in Hamburg eine Cholera-Epidemie aus. Herausgefordert durch dieses menschliche Elend beginnt ein halbes Jahr später der Itzehoer Pastor Johannes Röschmann in der Stadt eine Gemeinde- und Diakoniearbeit. Seine Gottesdienste finden rasch Zulauf. Unter dem juristischen Dach des „Stift Siechenhaus Elim" gehören hierzu bald die „Christliche Gemeinschaft Philadelphia" und das Diakonissenmutterhaus Elim. 1897 kann in der Hamburger Straße „Holstenwall" ein Gemeindehaus eingeweiht werden, das Platz für 1.400 Besucher bietet.

1918 übernimmt Friedrich Heitmüller die Gesamtleitung. Durch seinen Dienst gewinnt die Arbeit eine weitere Ausdehnung. Neben dem zentralen Gottesdienst am Holstenwall werden im ganzen Hamburger Stadtgebiet und dessen Umland weitere Gemeindestationen ins Leben gerufen. Die Diakonissen sind in der Gemeinschaftsarbeit und in der Siechenpflege tätig. Am 12. Januar 1927 kann in Hamburg-Eimsbüttel, Hohe Weide 17, das Krankenhaus Elim eröffnet werden. Dieses für seine Zeit modernste Krankenhaus wird maßgeblich durch die Zuwendungen des Hamburger Kaufmanns Hugo Preuß möglich, der durch Friedrich Heitmüller zu Gott findet, und durch den Einsatz der Elim-Diakonissen.

Am 28. Januar 1937 zieht sich Friedrich Heitmüller mit der Gemeinschaft aus dem Landeskirchlichen Gemeinschaftsverband zurück und schließt sich dem Bund Freier evangelischer Gemeinden an. Die Gemeinde heißt nunmehr „Freie evangelische Gemeinde in Hamburg, Holstenwall 21". Am 30. November 1935 trägt die „Christliche Gemeinschaft Hamburg" zum ersten Mal offiziell den Namen „Freie Evangelische Gemeinde Hamburg-Holstenwall". Zu diesem Zeitpunkt zählt die Gemeinde etwa 3.200 Mitglieder und das Diakonissenmutterhaus 230 Diakonissen.

Die enge Verzahnung von Diakonie und Gemeindearbeit gibt der Stiftung Freie evangelische Gemeinde in Norddeutschland auch heute noch ihr besonderes Gepräge. Zu den gegenwärtigen Herausforderungen gehört einmal die Gestaltung des diakonischen Auftrags in einer sich wandelnden Gesundheitspolitik. So muss das Krankenhaus Elim 2003 mehrheitlich verkauft werden. Eine weitere Herausforderung ist die missionarische Durchdringung von Norddeutschland. Eine wichtige Aufgabe kommt hier der 1990 ge-

Der alte „Holstenwall": Für viele Jahrzehnte das geistliche Zentrum der Freien evangelischen Gemeinden in Norddeutschland

gründeten „Mission in Norddeutschland" zu. Mithilfe dieses Arbeitszweiges können in den vergangenen Jahren neue Gemeinden in Kiel, Lübeck, Schwerin, Hamburg-Neuallermöhe, Lüneburg und Uelzen gegründet werden.

Heute zählen zur „Stiftung Freie evangelische Gemeinde in Norddeutschland" 38 Gemeinden und acht diakonische Einrichtungen. In vier weiteren ist die Stiftung als Dienstleister tätig. Sowohl die Gemeinden als auch die diakonischen Arbeitszweige verstehen sich als eine „große Gemeinde".

▶ Weitere Informationen im Internet unter www.fegn.de

Die Zentrale von Diakonie und Gesamtgemeinde in Hamburg-Niendorf

Das Altenpflegeheim Elim in Hamburg-Eppendorf

Gesamtleitung

1893–1901	Johannes Röschmann
1902–1918	Johannes Rubanowitsch
1918–1965	Friedrich Heitmüller (später Verteilung der Verantwortung)

Gemeindeleiter

1965–1966	Georg Schmidt (kommissarisch)
1966–1977	Dr. Fritz Laubach
1977–1994	Dr. Ulrich Betz
seit 1995	Erhard Baum

Oberinnen

1893–1896	Christiane Kock
1896–1921	Elise Hansen
1922	Christiane Kock (kommissarisch)
1923–1928	Elisabeth Süßmilch
1928–1929	Frida Stracke (kommissarisch)
1929–1967	Frida Stracke
1967–1969	Greta Hadler (kommissarisch)
1970–1985	Hildegard Klinke
seit 1985	Ursula Pagel

Diakonieleiter

1967–1977	Georg Schmidt
1977–1991	Dr. Fritz Laubach
1991–2001	Dr. Ulrich Betz
seit 2001	Jörg Spriewald

Stiftungsvorsitzende

1965–1968	Johann Heinrich
1968–1991	Dr. Fritz Laubach
1991–1997	Hans-Joachim Zimmermann
1997–2008	Rudi Weißert
seit 2009	Jörg Ahrens

FeG

Das Diakonische Jahr

Einen Eindruck vom Berufsleben bekommen, Zeit sinnvoll nutzen oder überbrücken, eigene Fähigkeiten und Grenzen erkennen, Christsein in Gemeinschaft (er)leben, Gottes Liebe weitergeben: Das sind Chancen, die das Diakonische Jahr jungen Leuten bietet.

Vor 50 Jahren ruft der damalige Rektor der Diakonissenanstalt in Neuendettelsau Herman Dietzfelbinger die evangelische, weibliche Jugend zu einem Freiwilligendienst auf. Er reagiert damit auf die schwierige Arbeits- und Ausbildungssituation in der Nachkriegszeit. Seit Ende der 50er-Jahre können auch junge Männer einen solchen Dienst leisten, mittlerweile auch im Rahmen des Wehrersatzdienstes.

Gerade einmal vier Mädchen melden sich aus verschiedenen Freien evangelischen Gemeinden im April 1959 erstmals als „Diakonische Helferinnen". In den kommenden vier Jahrzehnten schließen sich ihnen fast eintausend junge Menschen an. Bundesweit setzen

Diakonisches Jahr

Wie anmaßend wäre es, sich ein Kind Gottes zu nennen, zu behaupten, dass wir mit ihm reden, mit ihm in Gemeinschaft stehen, dass er in uns wohne und wir in ihm – wenn das nicht Gottes eigene Worte wären.

FeG-Zitate – Nr. 21 – Hermann Heinrich Grafe

sie sich in Krankenhäusern, Seniorenzentren, in Freizeit- und Tagungsstätten, Gemeinden, der Zeltmission sowie als Hauswirtschafts- oder Familienhilfe ein. So mancher findet während der sechs bis achtzehn Monate im Diakonischen Jahr seinen Beruf und seine Berufung.

Nicht nur die Höhe des Taschengeldes, sondern vor allem die Motivation der Helferinnen und Helfer spiegelt den Wandel der Zeit: In den Fünfzigern sind es opferbereite Berufsaussteigerinnen, in den Sechzigern Demonstranten gegen soziale Missstände und in den Neunzigern vorzugsweise Schulabgänger, die das Jahr zur Loslösung und beruflichen Orientierung nutzen.

Bei allen Veränderungen hat das Diakonische Jahr nicht nur persönliche, sondern auch öffentliche Bedeutung: Die aktuellsten politischen Entwicklungen ermöglichen zum einen neue Arbeitsfelder und fordern gleichzeitig den verstärkten Einsatz freiwilliger Helfer – langfristig nicht nur aus der jungen Generation.

Der Einsatz aus Liebe zu Gott und zum Nächsten ist heute, angesichts einer Gesellschaft, die an Stabilität verliert, und den Kosteneinsparungen im Sozial- und Gesundheitswesen, ein nötiger Beitrag und Zeugnis für verantwortliches Christsein – mit „Händen und Füßen".

▶ Weitere Informationen im Internet unter www.diakonisches-jahr.feg.de

GOiNG

„GOiNG" ist eine diakonische Initiative für Teenager und Jugendliche, die das Diakonische Werk Bethanien gemeinsam mit der Bundesjugend organisiert. Ziel ist es, junge Menschen für einen diakonischen Lebensstil zu begeistern. Immer mehr Gemeinden nehmen das Angebot eines GOiNG-Besuches in Anspruch. Dieser kann als einzelner Jugendabend oder als komplettes Wochenende mit Jugendabend und Jugendgottesdienst am Sonntag gestaltet werden. Eine weitere Möglichkeit, Diakonie kennenzulernen, sind die GOiNG-Erlebnistage in Solingen.

▶ Weitere Informationen im Internet unter www.going.feg.de

Aktueller Prospekt des Diakonischen Jahrs

SCM Bundes-Verlag

Das Zeitschriftensortiment des Bundes-Verlages

CHRISTSEIN HEUTE, die Zeitschrift der Freien evangelischen Gemeinden

Der Bundes-Verlag

Am Anfang des Bundes-Verlages steht Friedrich Fries (1856–1926). Als Prediger der Freien evangelischen Gemeinde in Witten gründet er mit einigen Freunden am 17. Oktober 1887 die offene Handelsgesellschaft „F. Fries und Cie.". Neben dem Erwerb eines Gemeindehauses gehört zu den Zielen der Handelsgesellschaft die Führung einer Buchhandlung und eine eigene Schriftenmission. 1893 wird der „Gärtner", die zukünftige Gemeindezeitschrift der Freien evangelischen Gemeinden in Deutschland (heute: „Christsein Heute"), herausgegeben.

Von 1921 bis 1961 übernimmt der Zeitungsredakteur Wilhelm Wöhrle (1888–1986) die Leitung des Verlags, der 1922 in „Bundes-Verlag eGmbH" umbenannt wird. Wöhrle wird mit dem Auftrag der Freien evangelischen Gemeinden ausgestattet, „den verbundenen Gemeinden zu dienen durch Schaffung eines grundsätzlichen Schriftentums und durch eine leistungsfähige Presse". Vom wirtschaftlichen Aufschwung nach dem Ersten Weltkrieg profitiert auch der Bundes-Verlag, und so entschließt man sich 1923 zu einem Neubau des Verlagshauses, der 1927 auf dem heutigen Gelände in Witten-Bommern fertiggestellt wird.

Die Umbrüche der deutschen Druckereiindustrie in den 80er-Jahren erfordern 1986 eine Neugründung des Bundes-Verlages als „Bundes-Verlag GmbH". Unter dem neuen Geschäftsführer Erhard Diehl geschieht eine bewusste Konzentration auf Zeitschriften. Mit den Magazinen Aufatmen, Christsein Heute, Family, Joyce, Dran, 55 plus und Kläx ist der Bundes-Verlag heute Marktführer im Bereich der evangelikalen Zeitschriftenpublizistik und erfährt gegen den allgemeinen Trend in diesem Segment eine starke Ausweitung. Mit fast 100.000 Mitgliedern gehört das Internetmagazin www.jesus.de des Bundes-Verlages zu den populärsten seiner Art.

Im November 2000 kann der Bund Freier evangelischer Gemeinden als Gesellschafter der „BV-Holding" den traditionsreichen Brock-

SCM Verlag

SCM, das juristische Dach des Bundes-Verlages

Friedrich Fries, Gründer des Bundes-Verlages und Pionier für viele Arbeiten im Bund Freier evangelischer Gemeinden

Das Verlagsgebäude in Witten

haus Verlag und Geschäftsanteile des Oncken Verlages übernehmen. Kurze Zeit später wird der Bundes-Verlag vom Bund Freier evangelischer Gemeinden der Stiftung Christliche Medien (SCM) zugestiftet. Diese vom Unternehmer Friedhelm Loh gestiftete kirchliche Stiftung bürgerlichen Rechts mit Sitz in Witten hat zum Ziel, die christliche Verlags-, Medien-, und Öffentlichkeitsarbeit zu fördern. Die SCM versteht sich als „ein Haus mit vielen Zimmern", das offen ist für alle publizistisch tätigen Organisationen, die auf der Basis der Deutschen Evangelischen Allianz arbeiten. Neben dem Bundes-Verlag gehören heute zur SCM der R. Brockhaus Verlag, der Oncken Verlag, der ERF Verlag, der Hänssler Verlag und das IC Medienhaus. Heute stellt die Stiftung Christliche Medien mit mehr als 180 Mitarbeitern die größte evangelikale Verlagsgruppe dar. Gemeinsam mit der SCM ist es das Ziel des Bundes-Verlages, den Bund Freier evangelischer Gemeinden publizistisch zu unterstützen und für das einzutreten, was wirklich zählt: das Evangelium von Jesus Christus.

▶ Weitere Informationen im Internet unter www.bvzeitschriften.de

Verlagsleiter des Bundes-Verlages

1887–1921	Friedrich Fries
1921–1961	Wilhelm Wöhrle
1961–1975	Hermann Schäfer
1975–1982	Eberhard Schnepper
1982–1985	Erich Brenner
1986–2006	Erhard Diehl
seit 2006	Ulrich Eggers

Sparbücher früher und heute: Jedes Sparkonto bei der SKB ist eine Bauhilfe für junge Freie evangelische Gemeinden.

Die Spar- und Kreditbank – Die Bank, die hilft

Die Spar- und Kreditbank Witten (SKB) ist als Werk des Bundes Freier evangelischer Gemeinden die Bank für seine Einrichtungen, Werke und angeschlossenen Gemeinden sowie deren Mitarbeiter, Mitglieder und Freunde.

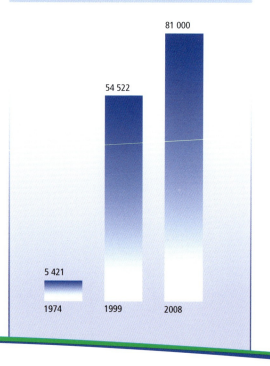

Bilanzsumme der SKB in Tausend Euro

- 1974: 5 421
- 1999: 54 522
- 2008: 81 000

Geschichte

Die kommunalen Sparkassen, die vor der Wirtschaftskrise in den 20er-Jahren gern Kreditgeber für Hypothekendarlehen sind, berücksichtigen in erster Linie Kommunen, Handwerks- und Industriebetriebe. Die Gemeindeglieder erleben, wie ihre finanziellen Mittel, die sie bei diesen Kreditinstituten anlegen, für alles andere, aber nicht für den Gemeindehausbau eingesetzt werden. So entsteht in dieser Zeit der Gedanke zur Gründung einer bundeseigenen „Sparkasse". Es ist Prediger Friedrich Fries (auf dessen Engagement auch der Bundes-Verlag und das Diakonische Werk Bethanien zurückgehen), der die Auffassung vertritt: „Eine Elle Tat ist besser als ein Kilometer Beratung." Kurzerhand ruft er die „Bausparkasse des Gemeinnützigen Bauvereins Freier evangelischer Gemeinden eGmBH in Hamm" ins Leben.

Endgültig trifft man sich am 13. Oktober 1925 zur Gründung der „Spar- und Bauhilfskasse der Freien evangelischen Gemeinden eGmBH" in Gummersbach. Die „Hammer Bank" von Friedrich Fries wird 1935 durch die Spar- und Bauhilfskasse übernommen.

Wilhelm Wöhrle, einer der Mitbegründer der Spar- und Bauhilfskasse, erinnerte sich einmal: „Man darf sagen, dass nach der Gründung der beiden Bausparkassen ein Aufatmen durch unsere Reihen ging." Ende des Jahres 1974 übersteigt die Bilanzsumme der Spar- und Bauhilfskasse erstmals die 10-Millionen-Grenze und sie ist bis dahin schon vielen Gemeinden Hilfe bei der Finanzierung ihrer Gemeindehäuser.

Gegenwart

Heute präsentiert sich die SKB als modernes Dienstleistungsunternehmen. Als Genossenschaft ist sie Mitglied im Finanzverbund der Volks- und Raiffeisenbanken und kann ihren Kunden so zum Beispiel einen bequemen Zahlungsverkehr im In- und Ausland anbieten. Die Türen zu den Wertpapierbörsen in aller Welt stehen offen, und Finanzdienstleistungen wie Investmentfonds, Bausparen oder Versicherungen ergänzen das Angebot. Getragen wird die Arbeit der Spar- und Kreditbank von den vielen Mitgliedern und Freunden der Freien evangelischen Gemeinden, die ihre Gelder hier anlegen.

Die vergangenen Jahre sind von einer regen Bautätigkeit der Gemeinden und einer damit verbundenen starken Kreditnachfrage geprägt. Durch ihr Vertrauen können allein in den Jahren 1990 bis 2008 über 155 Millionen Euro an Finanzierungszusagen gegeben werden. Diese Gelder werden überwiegend für den Bau von Gemeindezentren eingesetzt. Parallel steigt auch die Entwicklung der Kundengelder. Die ehemals 5.000 TEUR im Jahr 1974 liegen 2008 beim Zehnfachen der Summe (65.000 TEUR).

Damals wie heute ist die SKB eine Bank, die hilft. Die Spar- und Anlagegelder werden für den Bau von Gemeindezentren eingesetzt und können somit ganz unmittelbar für das Reich Gottes nutzbar gemacht werden.

▶ *Weitere Informationen im Internet unter www.skb-witten.de*

Vorsitzende des Aufsichtsrates

1925–1946	Hermann Bender
1946–1972	Fritz Müller
1972–1977	Erich Weißgerber
1977–1983	Friedhelm Wickel
1983–1991	Klaus Dieter Trayser
1991–2004	Gottfried Mergehenn
seit 2004	Manfred Schneider

Mitglieder des Vorstandes

1925–1943	Ernst Pickhardt
1925–1946	Paul Seeger
1925–1946	Gustav Borner
1943–1957	Hugo Scheffel
1946–1949	Wilhelm Pieper
1946–1947	Heinrich Wiesemann
1947–1949	Wilhelm Kattwinkel
1949–1984	Ernst Lenhard
1949–1978	Paul Vetter
1957–1974	Rudolf Marx
1976–1983	Friedrich Hermes
1987–1991	Jürgen Hedfeld
1979–1994	Heinz Elgert
1984–1987	Hermann Alex
1988–2007	Dieter Happel
2007–2008	Dr. Klaus Michel
seit 1994	Martin Bernhardt
seit 2008	Volkmar Birx

Unsere Perspektiven für die Zukunft

> Im Reich Gottes sind die Kopien verpönt. Jeder Wiedergeborene hat das Leben Christi als sein eigenes.
>
> FeG-Zitate – Nr. 22 – Hermann Heinrich Grafe

Jeder Mensch braucht Perspektiven. Damit meine ich nicht bestimmte Blickwinkel, von denen aus man ein und dieselbe Sache betrachten kann. Ich meine auch nicht den Blick in die Geschichte. Das ist auf den bisherigen Seiten dieses FeG-Buches reichlich geschehen und es ist wichtig. Aber überlebenswichtig ist eine Perspektive, die nach vorne gerichtet ist, die zum Leben hilft, die Hoffnung vermittelt, die einem etwas an die Hand gibt, mit dem man leben kann. Und um die geht es jetzt. Wie wichtig eine solche Perspektive ist, wird mir immer wieder deutlich, wenn ich Berichte aus den 50er-Jahren des letzten Jahrhunderts, der Nachkriegszeit, höre. Damals ging es vielen Bürgern Deutschlands schlecht. Ob in der Schule, in Sachen Ernährung, Urlaub oder Wohnstandard, es ist mit heute kaum zu vergleichen. Aber viele Menschen haben die Zeit in positiver Erinnerung. Warum? Nicht weil der Standard hoch war, sondern weil sie eine positive Perspektive hatten. Viele konnten etwas erwarten und stürzten sich mit Elan und Freude in die neue Zeit. Heute leben wir insgesamt auf einem höheren Niveau. Aber vielen fehlt die Perspektive. Vor allem manchen Jugendlichen, wenn sie sich ängstlich fragen, ob ihre Arbeitskraft jemals gebraucht wird.

Oder auch ältere Menschen, die schnell „zum alten Eisen" gehören. Mag das auch übertrieben sein und nicht für alle gelten: Perspektivlosigkeit ist schlimmer als ein niedriger Lebensstandard. Anders gesagt: Wichtiger noch als der „Status quo" ist die Richtung, in die wir gehen.

Das gilt auch für Freie evangelische Gemeinden. Will man nicht einfach vor sich hin dümpeln, braucht es einen zuversichtlichen Blick nach vorne. Und das Schlimmste, was sich eine Gemeinde antun kann, ist, wenn sie sich mit dem zufriedengibt, was geworden ist, wenn sie selbstzufrieden im Heute, schlimmer noch, in der Vergangenheit steckt. Zuerst mag sich das noch ganz wohlig anfühlen. Nach kurzer Zeit jedoch wird es miefig. Und die nachfolgende Generation fühlt sich fremd. Immer wieder wird diskutiert und ängstlich gefragt, ob es ein Gesetz in der Kirchengeschichte gibt, nach dem Gemeinden und Kirchen im Laufe der Zeit zwangsläufig in Formeln und Formen erstarren. Da Gegenbeweise vorhanden sind, kann man eindeutig sagen: Dieses Gesetz existiert nicht. Ich kenne Gemeinden, die sind erstens alt und zweitens haben sie Zeiten erlebt, in denen ihre Existenz gefährdet war. Heute sind sie lebendige Gemeinden, in denen Gott geehrt wird und Menschen Christus kennenlernen; man spürt das pulsierende Leben in ihnen. Solange es solche Erfahrungen gibt, steht fest: Dieses „Gesetz" gibt es nicht.

Aber da es auch genügend Anzeichen dafür gibt, dass Gemeinden im Laufe der Zeit erstarren, muss man ebenso eindeutig sagen: Die Gefahr besteht. Deswegen gilt es, wach zu sein, und das heißt, Perspektive zu vermitteln. Jesus hat das vorgemacht. Er hat keine Durchhalteparolen gedroschen. Er vermittelte eine weite, krisenfeste und erfüllende Perspektive: „Seht auf und erhebt eure Häupter, weil sich eure Erlösung naht!" (Lk. 21,28) oder: „Dein Reich komme, dein Wille geschehe wie im Himmel so auf Erden" (Mt. 6,10). Es reicht nicht, einem Menschen zu sagen: „Steh fröhlich auf und genieße den Tag." Es gehört dazu, ihm zu sagen, wofür er aufstehen soll, wofür sein Leben da ist. Es gilt, ihm Perspektive zu geben. Er braucht einen Blick nach vorne. Ich will in diesem letzten Kapitel ein Bild vor unsere Augen malen. Ein Bild von Christsein, von Gemeinde und Gottes Gedanken, mit dem wir leben, gestalten, kämpfen, feiern und schließlich auch als Menschen getrost sterben können.

Erste Perspektive:
Wir leben zum Nutzen anderer

Eine der schönsten und beglückendsten Entdeckungen meines Lebens ist, dass ich geschaffen bin zum Nutzen anderer. Ich bin geschaffen, damit mein Leben Frucht bringt. Der Sinn meines Lebens liegt nicht in mir selber. Er liegt außerhalb meiner selbst. Ich weiß, dass manch einer Schwierigkeiten damit hat, wenn ich diese Perspektive an den Anfang stelle. Sie haben die Sorge, ich würde den Glauben und unser Leben verzwecken, als ob nur das etwas gelte, was nützlich ist. Ihnen ist wichtig, dass das Leben auch ohne Nutzen einen Wert hat. Damit haben sie recht. Aber auch dieser Gedanke darf nicht verabsolutiert werden. Es stellt ganz sicher eine Perspektive für jeden Menschen dar, wenn er für jemand anderes eine Bedeutung hat. Dazu einige biblische Grundlinien. Jesus berief seine Gemeinde, damit sie Salz und Licht sei. Salz und Licht, das sind Elemente, die der Umwelt nützen. Salz wurde in der damaligen Zeit zur Konservierung verderblicher Ware benötigt, Licht, wie heute, um zu leuchten und erleuchten. Das entscheidende Kriterium für den Gebrauch der Gaben in der Gemeinde ist, ob der Einsatz der Gaben denn auch jemandem nütze und aufbaue (1. Kor. 12,7; 14,26). Als Jesus seine berühmte Rede vom Weinstock und den Reben hielt, machte er deutlich, dass seine Jünger berufen sind, Frucht zu tragen. „Darin wird mein Vater verherrlicht, dass ihr viel Frucht bringt. ..." (Joh. 15,8). Schließlich ist der Weinstock eine Nutz- und keine Zierpflanze. „Nicht ihr habt mich erwählt, sondern ich habe euch erwählt und gesetzt, dass ihr Frucht bringt und eure Frucht bleibe" (Joh. 15,16).

Es gibt Traditionen in christlichen Kreisen, die den Glauben so sehr verinnerlichen, dass die äußere und sichtbare Seite des Glaubens verkümmert ist. Für sie ist die Welt ausschließlich böse und es gilt, sich von ihr abzuwenden. Alles Äußere ist nur „Erdentand". Hauptsache, die Gesinnung stimmt. Hauptsache, wir sind gerettet. Danach kommt dann nicht mehr viel.

Freie evangelische Gemeinden sehe ich als Orte, die dieser Welt nützen. Es soll erfahrbar sein, dass da Christen am Ort leben. Das kann eine Kindertagesstätte sein, durch die Kinder und Eltern ganz konkrete Hilfe und Prägung erfahren. Es kann eine Schuldnerberatung oder ein Jugendcafé sein. Was auch immer: Solche Angebote sollen die Gemeinde nicht im oberflächlichen Sinne „attraktiv" machen. Das kann nicht das Ziel sein, auch wenn es ein Nebeneffekt sein mag. Die Motivation muss tiefer liegen. Sie nährt sich von der Berufung durch Christus, sie kommt aus der Bestimmung, ein Segen zu sein für andere.

Was für eine Gemeinde zutrifft, gilt selbstverständlich für den einzelnen Christen genauso. Im Laufe der Jahre habe ich festgestellt, dass das auch ein zutiefst befriedigendes Lebensgefühl verursachen kann. Denn wenn Menschen, seien sie jung oder alt, eine Bedeutung haben für andere oder die Gesellschaft, dann hinterlässt es bei ihnen Zufriedenheit. Bedeutungslosigkeit nagt an uns. Jesus hat uns berufen, Frucht zu tragen.

Aufgrund dieser Perspektive
- soll das diakonische Handeln zu unserem Gemeindealltag gehören. Denn dadurch erfahren Menschen die Liebe Gottes praktisch.
- gründen wir Gemeinden! Nicht um eine zahlenmäßige Vermehrung verzeichnen zu können. Das wäre doch keine wirklich erstrebenswerte Sache. Sondern um Salz und Licht in dieser Welt zu sein.
- platzieren wir die Botschaft von Jesus Christus in die Öffentlichkeit. Sie ist nicht nur etwas für private Wohlfühlzirkel, sondern für den Marktplatz.
- gilt es, diese Welt, in der wir leben, mitzugestalten, sich politisch und zivilgesellschaftlich zu engagieren. Das Gemeinwohl gehört zum Glauben mit dazu und ist Liebe in Bezug auf die Gesellschaft.
- ist Mission zentraler Ausdruck unseres Glaubens und kein Tabuthema. Wir sind gesandt, um ein Segen zu sein.
- verdient die heimatliche Kultur als auch die globale Realität unsere Aufmerksamkeit, Liebe und unseren Einsatz.

Ist das nicht eine wunderbare Perspektive? Für jemanden bedeutsam zu sein, stärkt und ermutigt. Ein Nutzen kann etwas sehr Großes sein: ein Werk oder ein aufsehenerregendes Projekt. Aber ein Nutzen kann auch etwas sehr Kleines sein, wie die schlichte nachbarschaftliche Hilfe oder ein Besuch bei einem einsamen Menschen. Auch ein behinderter oder kranker Mensch, der keinen wirtschaftlichen Beitrag leisten kann, hat eine hohe Bedeutung für andere. Er erinnert daran, dass Gottes Liebe voraussetzungslos gilt und sein Lachen ist oft das größte Geschenk, das ein Mensch empfangen kann.

Wir sind dazu berufen, ein Segen zu sein. Wenn das gelingen soll, brauchen wir die feste Verbindung mit Jesus Christus.

Christen sollen Salz, aber nicht Pfeffer sein.

FeG-Zitate – Nr. 23 – Heinrich Neviandt

Jesus sagte: „Wer in mir bleibt und ich in ihm, der bringt viel Frucht; denn ohne mich könnt ihr nichts tun" (Joh. 15,5). Was für Weinstock und Rebe gilt, kann auch auf einen Baum und seine Wurzeln im Erdreich bezogen werden (Psalm 1, Jeremia 17 u.a.). Auf die tiefe Verbindung kommt es an. Auf die Verwurzelung in Christus, in seinem Evangelium. Das ist durch den Glauben geschehen. Der Glaube gründet sich auf Jesus Christus. Ich vertraue nicht mehr auf mich selbst, sondern auf sein Opfer für mich, auf seine Kraft und sein Wirken. Dieses Vertrauen muss immer wieder geübt werden. Besonders in der heutigen Zeit, die von einer sich überschlagenden Aktivität, einem hektischen Aktionismus geprägt ist. Viele Christen wissen, was sie tun sollten. Und die Predigten in unseren Gemeinden enthalten reichlich Appelle, etwas zu tun. Und wer verstanden hat, dass er geschaffen wurde, um Frucht zu bringen, der will ja auch so leben. Gut so. Jedoch ist gerade heute zu betonen, dass wir in Christus verwurzelt sein müssen, um seinen Auftrag überhaupt leben zu können. Frucht entsteht durch die Verbindung mit Jesus. Durch den Heiligen Geist ist er in uns und bewirkt Frucht. Das ist kein Gegensatz zur ersten Perspektive! Wir würden die Wurzeln eines Baumes auch nie als Konkurrenz zur Baumkrone und der Früchte bezeichnen. Sie bedingen einander.

Ich hatte gesagt, dass Vertrauen geübt werden muss. Man nennt diese Vertrauens- oder Glaubensübungen häufig „Spiritualität". Ist dieses Wort auch eher neu, so ist die Sache dahinter alt. „Lehre uns beten", sagten die Jünger zu Jesus. Man kann das lernen. Die Übungen sind niemals als gesetzliche Pflichterfüllung, sondern wie die Pflege eines Baums zu verstehen, wodurch Wurzeln und dadurch auch der ganze Baum wachsen.

Aufgrund und mit dieser Perspektive
- brauchen wir Zeiten und Räume der Stille. Da wird deutlich, wie groß Gott ist. Und wir spüren uns selbst in der Gegenwart Gottes.
- gilt es, Gottes Wort in der Bibel zu erforschen. Es ist die Grundlage unseres Lebens und Glaubens. Das muss theoretisch klar bleiben, es muss jedoch auch praktisch werden.
- halte ich es für entscheidend, ob wir das vertrauensvolle Gebet weiterhin in unseren Gemeinden und in der persönlichen Frömmigkeit praktizieren. Im Gebet geschieht Gemeinschaft mit Gott und er wartet sogar auf unsere Gebete.
- ist nicht nur das Hören, sondern das Tun des Wortes Gottes zu betonen. Denn nur dadurch bleibt die Verbindung lebendig und die Liebe zu Gott nicht nur eine Worthülse sondern tat-sächlich.

Noch mal: Die Verbindung mit Gott wird nicht durch fromme Übungen gewährleistet! Das ist der Unterschied zu weltweit praktizierten Frömmigkeitsübungen. Gewährleistet ist sie durch Jesus – ohne Übung, ja, ohne Spiritualität. Aber in den Übungen entsteht ein Raum, der die Verbindung, diese Gemeinschaft vertieft. Dort entsteht ein Raum, in dem wir die Liebe Gottes viel tiefer wahrnehmen und glauben können. Wir brauchen sowohl in unserem persönlichen Leben als auch in unseren Gemeinden diesen Blick nach innen. Wir brauchen eine Ausrichtung auf das „innere Leben". Um Gottes willen – das würde schon reichen. Aber auch um des Nutzens willen. Denn ohne Jesus können wir nichts tun. Ohne die Kraft des Heiligen Geistes ist alle Aktion nur Betriebsamkeit. Diese Innerlichkeit führt nicht zu einer übertriebenen Verinnerlichung des Glaubens, sondern zu einer Stärke, die das äußere Geschehen ermöglicht. Wenn ich in diesen ersten beiden Perspektiven diese starke Unterscheidung zwischen „innerer" und „äußerer" Welt mache, wenn ich zwischen Nutzen und Wurzeln unterscheide, dann ist wichtig festzustellen: Ich unterscheide, aber ich trenne nicht. Ich komme damit zu einer dritten Perspektive.

Dritte Perspektive:
Wir lieben Gott – ungeteilt

> Wahre Begeisterung ist nur dem Glauben möglich.
> FeG-Zitate – Nr. 24 – Hermann Heinrich Grafe

Lieben kann man nur ganz. Zumindest im Idealfall. Ich kann niemandem sagen „Ich liebe dich" und das nur auf mein Gefühl beziehen. Liebe wird immer sichtbar. Ich werde mein Verhalten danach richten und meine Liebe zeigen. Andersherum kann ich Liebe nicht nur an äußeren Aktivitäten festmachen. Denn diese Aktivitäten könnten auch ohne Liebe und nur aus Eigennutz geschehen. Lieben ist immer eine ganze Sache. Das höchste Gebot lautet: „Du sollst den Herrn, deinen Gott, lieben von ganzem Herzen, von ganzer Seele, von ganzem Gemüt und von allen deinen Kräften" und „Du sollst deinen Nächsten lieben wie dich selbst" (Mk. 12,30f). Weil Gott alles geschaffen hat, weil er einen neuen Himmel und eine neue Erde schaffen wird, weil er alles schon umfasst, was wir denken und fühlen können, betrifft der christliche Glaube das ganze Leben! Die Berufung, ihn in allem und in allen unseren Lebensbereichen zu lieben, führt zu einer Vorstellung von Glauben, die für unsere Freien evangelischen Gemeinden von hoher Bedeutung sein wird. Christsein ist ganze Inanspruchnahme des Menschen durch Gott und keine austauschbare Weltanschauung. Nachfolge Jesu ist Liebesbeziehung zwischen dem Schöpfer und seinem Geschöpf und keine menschliche Anstrengung. Und Glaube betrifft alle Lebensbereiche: das ganze Herz, den Körper, das Denken, das Fühlen, das alltägliche Handeln usw. Es gibt jene unselige Aufnahme und Weiterentwicklung altgriechischer Philosophenschulen in der christlichen Tradition, die zu einer Abwertung bis hin zu einer Dämonisierung alles Körperlichen und Äußeren führten. Genau daraus erwuchs dann auch eine unbiblische Abwertung dieser Welt. Kunst, ja für manche sogar Lachen, waren verdächtig. Diese Anschauungen finden sich bis heute und führen zu Verzerrungen des Glaubens und Isolierung von Gemeinde. Auffällige Beispiele einer solchen Haltung sieht man, wenn Singen nur Rahmenprogramm im Gottesdienst ist, nicht aber Gottesdienst selber, oder wenn wir meinen, die einzig mögliche Gebetshaltung sei, auf gepolsterten Stühlen zu sitzen, anstatt z.B. zu knien oder stehen.

> Wer am meisten des anderen Last tragen kann, ist der stärkste Christ.
>
> FeG-Zitate – Nr. 25 – Hermann Heinrich Grafe

Ganz, mit ungeteiltem Herzen lieben und leben, das ist ein Motto, das es in sich hat. Es bedeutet, dass alle Lebensbereiche in die Gemeinschaft mit Gott gehören. Es bedeutet, dass wir die körperlichen Belange ernst nehmen, der Welt zugewandt leben, weil Gott sie ja geschaffen hat. Dass wir „ganz" geschaffen sind, merkt man zum Beispiel an psychosomatischen Wechselwirkungen. Musik gilt heute auch in der modernen Medizin als heilsam für den Körper. Die Schwingungen und Gefühle, die wir mit Musik verbinden, stärken Heilungsprozesse. Ein anderes Beispiel ist die Bedeutung eines zuverlässigen sozialen Netzes. Wer das hat, erkrankt weniger schnell an Burn-out.

An zwei weiteren Beispielen wird deutlich, wie sehr biblischer Glaube einer ungeteilten Liebesbeziehung ähnelt und Wechselwirkungen zu beobachten sind. Gehorsam ist, wer den Willen Gottes hört und tut. Gehorsam ist einerseits eine Folge davon, dass ich die Liebe Gottes erfahren habe, umgekehrt stärkt es auch die Liebe und die Wurzeln in Gott. Manch ein Christ wartet darauf, dass das gehorsame Tun sozusagen „automatisch" dem Glauben folgt. Da kann man lange warten. Glauben ist eben auch Tun und wird dadurch gelebt. Oder das Knien beim Beten. Einerseits ist Knien Ausdruck von Ergebenheit und Ohnmacht gegenüber Gott. Umgekehrt stärkt die Körperhaltung auch diese innere Haltung. Beim Knien werden wir sofort die Wechselwirkung von innerer und äußerer Haltung erfahren.

Ganz, das heißt, dass beides zum Leben mit Gott dazugehört: Innerlichkeit und äußeres Wirken, vertrauensvolle Gottesbeziehung und die rechte Lehre, nicht von der Welt zu sein, aber in der Welt mit beiden Beinen zu stehen. Oder um es mit der benediktinischen Regel zu sagen: Ora et labora (Bete und arbeite). Und mit Luther: contemplatio und actio (Betrachtung und Aktion). Diese Kunst der ungeteilten Liebe wird ein wichtiges Merkmal für die Lebendigkeit der zukünftigen Gemeinde sein. Die ungeteilte Liebe zu Gott in allem führt zu einem gesunden gemeindlichen und persönlichen Leben. Dieses Verständnis von Glauben und somit auch von Gott selber wird für eine gesunde Perspektive in Freien evangelischen Gemeinden wichtig sein. Denn nur damit nehmen wir die weltlichen Belange unserer Gemeinden und der Menschen um uns herum ernst genug, sodass wir uns kümmern. Und wir nehmen sie nicht so ernst, als sei das alles. Denn wir wissen, wir gehen auf eine neue Welt zu. Wir leben mit einer unsichtbaren Kraft, die Gott schenkt. Ein solcher Glaube bewahrt uns vor falschen Alternativen zwischen Handeln oder Beten, zwischen Gottvertrauen und strategischem Planen. Ich sehe Freie evangelische Gemeinden als Gemeinden, die ganz glauben und ungeteilt lieben. Dieser Glaube ist heute nötiger denn je, nicht zuletzt deswegen, weil er die theologische und geistliche Grundlage für eine der wichtigsten Aufgaben ist, die auf uns warten. Diese Aufgabe beschreibe ich in der vierten Perspektive.

Vierte Perspektive:
Wir überwinden die Kluft zu den Menschen

> Der am Kreuz ist meine Liebe und sonst nichts in dieser Welt.
>
> FeG-Zitate – Nr. 26 – Gustav Friedrich Nagel

Es tut sich ein Graben auf. Ein Graben zwischen biblischen Wahrheiten und dem, was allgemein anerkannt ist und für richtig und wissenschaftlich erwiesen gehalten und manchmal „Zeitgeist" genannt wird. Der Kampf um die Köpfe und Herzen ist in vollem Gang. Jemand, der im Umfeld der durchschnittlichen Medien und Bildung aufwächst, wird davon geprägt sein oder schon als Fakt voraussetzen, dass es viele Wahrheiten und keine absolute Wahrheit gibt. Er wird wahrscheinlich davon ausgehen, dass Gott eine Erfindung oder Projektion des Menschen ist, dass Jesus Christus ein (interessanter) Religionsstifter unter vielen ist, aber nicht mehr, dass die Bibel eine geschichtlich zusammengestellte Schriftensammlung religiöser Zeugnisse ist, aber nicht mehr. Die Liste ließe sich weiterführen und sie ist sehr pauschal. Aber geben wir uns keiner Illusion hin: So ähnlich sieht es aus. Und in Gesprächen merken wir das. Auf dieses Phänomen reagieren wir Christen verschieden: Manchmal stellen wir uns dieser Realität nicht, sehen also gar nicht, was wirklich los ist, und führen unser Kuscheldasein in gemütlicher Abgeschiedenheit. Wir beklagen den „gesellschaftlichen Niedergang" und isolieren uns rechthaberisch auf unserer frommen Insel.

Oder aber wir gehen bei dem Versuch, Menschen mit dem Glauben bekannt zu machen so sehr auf sie ein, dass wir diese Denkschemata übernehmen. Bei dem Versuch, relevant zu sein, werden wir nach einiger Zeit gar nicht mehr als Christen erkennbar. Was ist zu tun? Wie Christus gekommen ist, die unüberwindbare Kluft zwischen Menschen und Gott zu überwinden, so ist seine Gemeinde berufen, heute zu den Menschen zu gehen, Brücken zu ihnen zu bauen.

Die Gründe, warum sich Menschen heute mit dem christlichen Glauben auseinandersetzen und Jesus Christus als Retter und Herrn annehmen, sind sehr verschieden. Da gibt es kein Schema. Kreative Aktionen, gelebte ungeteilte Liebe, herzliche Offenheit, authentische Jesusnachfolge und anhaltendes Gebet sind einige Faktoren, die dabei eine Rolle spielen. In den ersten drei Perspektiven habe ich mich mit diesen Faktoren auseinandergesetzt. Aber ein weiteres Feld halte ich für wichtig und möchte eine Perspektive dafür eröffnen. Nämlich für die geistige Auseinandersetzung.

Wir brauchen – zusammen mit Christen aus anderen Gemeinden und Kirchen – eine geistige Auseinandersetzung, damit biblischer Glaube nicht schon an sich als unterbemittelt verurteilt wird. Wir brauchen Menschen, die sich in den Diskurs stürzen, glaubwürdige Gesprächspartner und überzeugende Zeugen des Glaubens sind. Das ist nicht alles, das ist klar. Menschen brauchen vor allem Beziehungen, Liebe und Annahme, um zum Glauben an Jesus Christus zu kommen. Aber die intellektuelle Auseinandersetzung darf dabei nicht vergessen werden. Und zwar nicht nur um der anderen willen, sondern auch um unserer selbst willen, wenn wir Glaube und Vernunft nicht voneinander trennen wollen. Wie zitierte Jesus das alte und höchste Gebot? „Du sollst Gott lieben (…) von ganzem Gemüt", und damit ist u.a. der Verstand gemeint.

Es ist eine anspruchsvolle Aufgabe, diese Kluft zu überwinden. Und es ist eine schöne Aufgabe. Eine Perspektive, die unseren Gemeinden eine Richtung gibt. Dafür sind wir da. Sie wird uns nur gelingen, wenn wir die anderen Perspektiven beherzigen, wenn wir also ganz glauben, Gott ganz lieben, verbunden sind mit Jesus und Frucht bringen. Denn daraus wächst die Liebe zum Menschen, die uns für diese Aufgabe befähigt. Freie evangelische Gemeinden sind unterwegs zu den Menschen, um die Kluft zu ihnen zu überwinden.

Fünfte Perspektive:
Wir leben mit weitem Horizont

> Die Siege des Reiches Gottes werden auf den Knien ausgetragen.
> FeG-Zitate – Nr. 27 – Friedrich Grenner

Sie persönlich haben also eine sinnstiftende Perspektive. Wir als Freie evangelische Gemeinden haben eine Perspektive. Gott schenkt sie uns. Er beschreibt sie in seinem Wort. Keiner muss sie sich selber aussuchen und mühsam erfinden. Gott gibt sie! Der Baum ist ein altes Symbol des Glaubens und ein zutreffendes für Freie evangelische Gemeinden. Ein Baum trägt Früchte, er hat Wurzeln, er kann sein Wurzelwerk nicht von der Baumkrone trennen, lebt also besser „ungeteilt". Die Bibel beschreibt denjenigen, der Gott vertraut, sein Wort ernst nimmt als Baum, „gepflanzt an Wasserbächen, der seine Frucht bringt zu seiner Zeit und seine Blätter verwelken nicht" (Psalm 1). Immer wieder taucht diese Symbolik in Liedern und Texten durch die Jahrhunderte auf.

Hermann Heinrich Grafe schrieb im Jahr 1855: „Der Anfang des christlichen Lebens gleicht dem frischen Treiben des Frühlings, wenn nach der Erstarrung des Winters alles keimt und grünt und blüht. – Der Fortgang des christlichen Lebens gleicht dem Sommer, dessen Hitze wohl das Laub welk machen kann, aber die Frucht fördert. – Und das Ende des christlichen Lebens ist wie der stille Herbst, der die Frucht zur Reife und nach Hause bringt."

Ich freue mich auf noch viele solcher Bäume. Menschen werden davon profitieren. Sie werden in ihrem Schatten atmen können. Sie werden die Früchte genießen. Und in allem wird Gott verherrlicht. Das ist eine inspirierende Perspektive.

> PAUL GERHARDT DICHTETE:
> „MACH IN MIR DEINEM GEISTE RAUM,
> DASS ICH DIR WERD EIN GUTER BAUM,
> UND LASS MICH WURZEL TREIBEN.
> VERLEIHE, DASS ZU DEINEM RUHM
> ICH DEINES GARTENS SCHÖNE BLUM
> UND PFLANZE MÖGE BLEIBEN."

Gottes Zukunft

Die beste Gabe Gottes an Menschen sind Menschen.

FeG-Zitate – Nr. 28 – Wilhelm Wöhrle

Ich möchte unsere Perspektive am Ende dieses Buches noch einmal ausweiten. Wir lieben es, an einem See oder am Meer zu stehen und die Gedanken in die Ferne schweifen zu lassen, wenn wir mit dem Blick über den Horizont gleiten. Plötzlich hat es etwas Beruhigendes, dass die Welt so viel größer ist als wir kleinen Menschen. Zunächst will ich unseren Blick weltweit öffnen. Gott baut seine Gemeinde auf dem gesamten Globus, manchmal unter extrem schwierigen Bedingungen. Schon heute gibt es in jedem Land der Erde Christen. Auch wenn sie zum Teil verfolgt werden oder in vielen Sprachgruppen noch keine Gemeinden bestehen: Gott baut seine weltweite Gemeinde. Jesus sagte: „Sie werden kommen von Osten und Westen, Norden und Süden und am Tisch liegen im Reich Gottes" (Lk. 13,29). Und die letzten Kapitel der Bibel beschreiben eine himmlische Gemeinde „aus allen Nationen und Stämmen und Völkern und Sprachen" (Offb. 7,9). Wenn wir uns manchmal klein vorkommen, wissen wir: Gott ist groß und er wirkt. Wenn unser Baum uns so mickrig erscheint, sollen wir wissen: Gottes Bäume, seine Leute und seine Gemeinde, sind dabei, sich überall auszubreiten. Wir sollen uns darüber freuen, es beobachten, fördern und einen weiten Blick für die Vielfalt der Gemeinde Jesu haben. Das ist eine Perspektive, die vom eingeengten Blick nur für den eigenen kleinen Lebenshorizont befreit.

Schließlich will ich unseren Blick öffnen für eine Zukunft, auf die wir ebenfalls ganz gewiss zugehen: Gottes neue Welt. Es ist wichtig, das zu wissen. Und wir müssen in der heutigen Zeit und bei allem Bezug zum Diesseits aufpassen, die Sehnsucht nach dem Jenseits nicht zu verlieren. Im letzten Kapitel der Bibel wird die neue Welt beschrieben, wie Gott sie schaffen wird. Da ist von einem Strom lebendigen und klaren Wassers die Rede, der vom Thron Gottes ausgeht, und „auf beiden Seiten des Stromes Bäume des Lebens, die tragen zwölfmal Früchte, jeden Monat bringen sie ihre Frucht, und die Blätter der Bäume dienen zur Heilung der Völker" (Offb. 22,2). Dann ist es vollkommen. Bis dahin wachsen wir noch, erleiden manchen Rückschlag und warten getrost auf Gottes neue Welt. Dann wird Gott jede Träne abwischen und es wird kein Unrecht und Geschrei sein. Gott wird alles sein.

Mit diesen fünf Perspektiven können wir leben. Sie geben uns Sinn, Richtung, Halt, Motivation und Begeisterung. „In Christus verwurzelt – seinen Auftrag leben." Sind Sie dabei?

FeG-Porträts

„Die beste Gabe Gottes an Menschen sind Menschen." Diese Einsicht von Wilhelm Wöhrle, dem ehemaligen Geschäftsführer des Bundes-Verlages, ist eine Erfahrung, die viele Gemeinden teilen. Sie gilt aber nicht nur für den Raum der Ortsgemeinde, sondern auch für die Bundesgemeinschaft als Ganzes. Und dass Gott den Gemeinden Menschen schenkt, gilt auch über die Gegenwart hinaus. „Das Andenken des Gerechten bleibt

Weigand Bamberger

Nach seiner Ausbildung in Neukirchen von 1894 bis 1899 reist Bamberger in das ostafrikanische Missionsgebiet unter den Pokomo am Tana aus. Hier verliert er seine erste Frau und kehrt 1903 in seine Heimat zurück. 1904 beruft ihn das Evangelisationswerk der Freien evangelischen Gemeinden nach Frankenberg, wo er der „evangelistische Pionier dieses Kreises" wird (Wilhelm Wöhrle). Mit Frankenberg als Mittelpunkt entstehen viele Hauskreise und Gemeinden in der Umgebung.
(* 10. Januar 1870 in Friedensdorf, † 17. Mai 1943 in Marburg)

Carl Bender

Nach Schneiderlehre und Militärzeit wird er durch die Vermittlung Leopold Benders Bote des Evangelischen Brüdervereins. In dieser Tätigkeit dient er 1864 auf dem Hunsrück und ab 1865 in Solingen. Mit seiner Berufung als Bundespfleger der Freien evangelischen Gemeinden 1878 scheidet er aus dem Brüderverein aus. Neben seiner Reisetätigkeit bleibt er Prediger der FeG in Solingen. Als Bundespfleger lenkt er zu seiner Zeit wesentlich die Geschicke des Bundes.
(* 20. Januar 1838 in Neuwied, † 22. Mai 1912 in Kierspe)

Porträts

im Segen", heißt es im Buch der Sprüche Kapitel 10,17. Auch Freie evangelische Gemeinden der Gegenwart verdanken denen viel, die ihnen vorausgegangen sind. Als Wegweiser behalten sie ihre Bedeutung. Einige dieser Frauen und Männer vom Anfang der ersten Gemeinde bis zu den Siebzigerjahren des 20. Jahrhunderts werden an dieser Stelle stellvertretend porträtiert.

Hermann Bender

Sohn des Predigers Carl Bender und Fabrikant in Kierspe-Bahnhof. Seit Beginn der Inland-Mission ist er deren Schatzmeister, nach dem Tod von Otto Schopf auch kommissarisch von 1913 bis 1940 ihr Leiter. Als engagierte Persönlichkeit ist Bender über viele Jahre als Mitglied der Bundesleitung geschätzt. Von 1925 bis 1946 nimmt er auch die Aufgabe des Vorsitzenden im Aufsichtsrat der Spar- und Kreditbank ein.

(* 26. April 1870 in Kierspe, † 12. Februar 1961 in Kierspe)

Leopold Bender

Wie viele früheren Prediger gehört auch er anfangs zum Evangelischen Brüderverein (1854–1874). 1860 beginnt sein Dienst in Köln, aus dem später die Freie evangelische Gemeinde hervorgeht. Von dort aus wirkt er auch nach Bonn. Während seiner vierzigjährigen Dienstzeit in Köln entwickelt sich Bender „zu einem prominenten Vertreter der Grundsätze der Freien evangelischen Gemeinden" (August Jung). Ihm verdanken die Gemeinden seiner Zeit die Vermittlung von Impulsen aus den angelsächsischen Kirchen.

(* 3. September 1833 in Kirchen an der Sieg, † 14. Januar 1914 in Köln)

FeG-Porträts

Walter Böhme

Als gelernter Werkzeugmacher besucht Böhme 1913 die Predigerschule in Vohwinkel. Nach seiner Teilnahme am Ersten Weltkrieg als Sanitätssoldat wird er Prediger in den Freien evangelischen Gemeinden Berlin-Moabit (1920 bis 1927), Eschweiler (1927 bis 1939) und ab 1939 in Berlin-Adlershof. Nach dem Zweiten Weltkrieg koordiniert er die „Hilfswerk-Arbeit" der Berliner Gemeinden und wird 1950 Bundesvorsteher der Freien evangelischen Gemeinden in der DDR (bis 1967). In Böhmes Dienst fällt der schwierige Neuaufbau der ostdeutschen Gemeinden. Armin Röger, sein Nachfolger als Bundesvorsteher, nennt ihn 1972 einen „Vater dieser Gemeinden". 1952 gelingt dank Böhmes Engagement die Verleihung der Körperschaftsrechte an den Bund durch das DDR-Ministerium des Innern.
(* 16. Oktober 1891 in Berlin, † 5. April 1972 in Berlin)

Peter Bolten

Als selbstständiger Textilkaufmann besitzt Bolten zeitlebens die Möglichkeit, ehrenamtliche Tätigkeiten auszuüben. Schon früh wird er Schatzmeister des damaligen Jünglingsbundes, Gemeindeältester, Vorsteher des Niederrheinischen Kreises und Mitglied der Bundesleitung. 1915 wird Bolten als Bundesvorsteher berufen (bis 1933). Durch seine vielen Kontakte in der Evangelischen Allianz, dessen Vorstand er in Bad Blankenburg angehört, trägt er zum positiven Image der Freien evangelischen Gemeinden bei. Wilhelm Wöhrle nennt Bolten 1948 eine „Johannesnatur", der es gelingt, den damals stark empfundenen Gegensatz zwischen den Generationen zu überbrücken. Er setzt es auch durch, dass Walter Hermes als Bundesschriftführer in die Bundesleitung berufen wird.
(* 3. August 1868 in Vluyn, † 25. Juli 1948 in Krefeld)

Marieluise Brockhagen

Nach ihrer Ausbildung als Erzieherin besucht Marieluise Brockhagen die Bibelschule Malche und tritt 1943 in das Missionshaus „Licht im Osten" ein. Von 1946 bis 1949 ist sie Hausmutter im Kinderheim der Freien evangelischen Gemeinden in Borken. 1949 beruft sie die Bundesleitung als „Bundesfürsorgerin" zur Förderung der Frauenkreise und der Unterstützung der Flüchtlinge aus Schlesien, Pommern und Ostpreußen. Gerade in ihrer zweiten Aufgabe ist sie für viele Hilfesuchende unvergesslich geworden. Nach dreizehn Jahren im Bundesdienst führt sie erst in Bad Endbach und dann in Wommelshausen einen eigenständigen Kurbetrieb.
(* 1915 in Essen-Kray, † 15. Januar 1977)

Porträts

Konrad Bussemer

Im Anschluss an den Besuch der Baseler Predigerschule (1893–1898) ist Bussemer Prediger der Freien evangelischen Gemeinden in Homberg (1898–1899), Langendreer und Witten (1899–1908) und Lüdenscheid (1909–1929). Von 1929 bis 1939 wirkt er als Lehrer an der Predigerschule in Vohwinkel. Nach Schließung der Schule durch den Kriegsausbruch 1939 wird Bussemer Prediger der FeG in Köln bis 1944. Bussemer, der viele Jahre ehrenamtlich Schriftleiter des „Gärtners" ist, darf „der literarisch-fruchtbarste Prediger der zweiten Generation" in der FeG-Geschichte genannt werden (August Jung).

(* 19. März 1874 in Eberbach am Neckar, † 16. Dezember 1944 in Elberfeld)

Karl Engler

Nach Ausbildung zum Lehrer und Schuldienst wird Engler 1901 Lehrer und Hausvater des Rettungshauses Tüllingen bei Weil an der Schweizer Grenze. 1909 wird er von Carl Polnick in die Leitung der Allianz-China-Mission in Barmen berufen. Als Mitglied der FeG in Düsseldorf vertieft er die Nähe zwischen der Mission und dem Bund Freier evangelischer Gemeinden. Bekannt wird Engler seinerzeit durch seine eschatologischen Schriften.

(* 18. Juli 1874 in Weisweil, † 21. Mai 1923 in Barmen)

Friedrich Fries

Ohne theologische Vorbildung wird Fries 1879 Bote des Evangelischen Brüdervereins in Wesel. Nach weiteren Diensten in Neukirchen und Holland wird Fries 1887 Prediger der FeG in Witten. In der Gründung des Bundes-Verlages, der Herausgabe des „Gärtners" und der Bildung des Diakoniewerks Bethanien in Wetter trägt Friedrich Fries entscheidend zur Identitätsfindung der Freien evangelischen Gemeinden bei. Er wird, so Karl Mosner, zu einem „Bahnbrecher für einen neuen Abschnitt der Bundesgeschichte". Von seinen Freunden wird er wegen seiner Neigung zum Enthusiasmus gelegentlich „der Superlativ" genannt.

(* 18. Dezember 1856 in Mauden, † 23. September 1926 in Hamm in Westfalen)

FeG-Porträts

Albert Fuhrmann

Als 24-Jähriger beginnt Fuhrmann seine Predigerausbildung am Vohwinkeler Seminar. 1931 wird er Prediger der Freien evangelischen Gemeinden in Berlin-Adlershof und Berlin-Baumschulenweg, bis er Mitarbeiter des Bundespflegers Karl Mosner wird. Nach dem Tod Mosners 1951 übernimmt er die gesamte Verantwortung der Bundespflege. Fuhrmanns „besondere Liebe" gilt der Inland-Mission (Wilhelm Gilbert). Darüber hinaus kommt es aufgrund seiner Förderung zur festen Verbindung mit der Allianz-Mission.

(* 30. Juni 1903 in Helbershausen, † 30. Juli 1964 in Gummersbach)

Hermann Heinrich Grafe

Im Rahmen seiner beruflichen Fortbildung lernt Grafe 1841 die Freie evangelische Gemeinde von Adolphe Monod in Lyon kennen, die ihn zeitlebens theologisch prägen wird. Unter dem Eindruck der Revolution 1848/1849 gründet er den Evangelischen Brüderverein. Mitglied der Barmer Baptistengemeinde kann er nicht werden, weil er sich weigert, noch einmal getauft zu werden. Am 22. November 1854 gründet er mit Gesinnungsgenossen die erste Freie evangelische Gemeinde auf deutschem Boden. Durch die Reisen des „königlichen Kaufmanns" (Wilhelm Wöhrle) nach Frankreich und in die Schweiz kommt es zu einem regen Austausch mit ausländischen „freien Kirchen".

(* 3. Februar 1818 in Palsterkamp, † 25. Dezember 1869 in Elberfeld)

Karl Glebe

Wegen seines ursprünglichen Wunsches, Missionar zu werden, wird Glebe 1909 Schüler an der Neukirchener Missionsschule. Der Ausbruch des Ersten Weltkrieges verhindert seine Ausreise und Glebe entscheidet sich für den Gemeindedienst. Er wird Prediger in den Gemeinden Köln-Mülheim, später Krefeld und 1935 in Frankfurt, wo er die Nachfolge von Eduard Wächter antritt. 1947 beruft ihn der Bundestag in Ewersbach als Bundesvorsteher. In den folgenden zwölf Jahren engagiert er sich für die Neuorganisation des Bundes und die Verbindung zur Evangelischen Allianz und der Arbeitsgemeinschaft christlicher Kirchen. So würdigt ihn Wilhelm Gilbert auch 1966 als „Gabe Gottes an unseren Bund und darüber hinaus an die größere Gemeinde Jesu".

(* 7. Juli 1885 bei Mettmann, † 30. Januar 1966 in Solingen)

Porträts

Friedrich Grenner

Nach seiner kaufmännischen Ausbildung bei Wilhelm Hoevel in Wesel wird Grenner Bote des Evangelischen Brüdervereins. Durch sein evangelistisches Charisma kommt es im August 1865 zur Gründung der ersten FeG in Essen. Es folgen viele weitere Gemeindegründungen in den Außenbezirken von Essen und dem ganzen Ruhrgebiet. Es sind vor allen Dingen die Arbeiterfamilien der Kohlenzechen, die Grenner mit seiner Arbeit erreicht. Seine Bekanntheit lässt sich daran ermessen, dass 1896 bei seiner Beerdigung 2.000 Trauergäste von ihm Abschied nehmen.

(* 29. Dezember 1833 in Lüdenhausen,
† 10. Oktober 1896 in Essen)

Friedrich Heitmüller

Nach seiner Predigerausbildung in St. Chrischona (1910–1912) ist Heitmüller für kurze Zeit Mitarbeiter von Johannes Rubanowitsch, dem Leiter der landeskirchlichen Philadelphia-Gemeinde in Hamburg. Er gründet die freikirchlich orientierte Friedensgemeinde, die sich 1918 mit der Philadelphia-Gemeinde vereinigt. Als Leiter führt er diese Gemeinschaft am Hamburger Holstenwall und das Diakonissenmutterhaus Elim 1937 in den Bund Freier evangelischer Gemeinden. Als Präsident des Internationalen Bundes der Freien evangelischen Gemeinden von 1954 bis 1965 engagiert er sich stark für die Versöhnung zwischen den nationalen Gemeindebünden.

(* 9. November 1888 in Völksen,
† 1. April 1965 in Hamburg)

Gottfried Hermann Hengstenberg

Als Evangelist des Evangelischen Brüdervereins und Prediger der FeG in Homberg gehört Hengstenberg zu den Gründergestalten des Bundes Freier evangelischer Gemeinden. Es sind besonders die niederrheinischen Gemeinden, die nachhaltig von ihm geprägt werden. Hengstenberg ist es auch, der im Bund die Errichtung eines eigenen Verlages und eines Diakoniewerkes forciert. Zu seiner Zeit wird er auch durch seine zahlreichen Gedichte bekannt.

(* 21. Oktober 1830 in Ruhrort, † 15. Februar 1893 in Homberg)

FeG-Porträts

Walter Hermes

Aufgewachsen in der FeG Solingen, besucht Hermes von 1900 bis 1904 St. Chrischona. Sein erster Dienstort ist Oels in Schlesien, bis er 1908 als Nachfolger von Otto Schopf in der FeG Witten Prediger wird. Von 1921 bis 1935 ist er Vorstandsmitglied des Bundes-Verlages und wird 1921 bis 1923 mit Wilhelm Wöhrle Schriftleiter des „Gärtners". 1925 wird er als Bundespfleger und Geschäftsführer berufen. Unvergesslich bleibt seine Biografie über Hermann Heinrich Grafe im Jahr 1933. Wilhelm Wöhrle urteilt über ihn, dass er viele Gemeinden „bundesfreudig" gemacht habe.

(* 31. Juli 1877 in Solingen, † 24. Januar 1935 in Vohwinkel)

Gustav Ischebeck

Nach seiner Ausbildung in Neukirchen (1887 bis 1891) wird Ischebeck Prediger in der FeG Düsseldorf und ab 1925 in der FeG Duisburg-Wanheimerort. Zwischenzeitlich dient er auch als Reiseprediger, Bundespfleger, Schriftleiter des „Gärtner" und arbeitet freiberuflich als Heilpraktiker. Durch seine vielen kirchengeschichtlichen Beiträge fördert er das Geschichtsbewusstsein in den Freien evangelischen Gemeinden.

(* 2. Februar 1863 in Voerde, † 8. März 1937 in Düsseldorf)

Wilhelm Hoevel

Der aus einer von Holland nach Deutschland eingewanderten Kaufmannsfamilie stammende Wilhelm Hoevel erlebt um etwa 1850 seine Bekehrung. Zeitlebens ist er in der FeG in Wesel aktiv. Angeregt durch die „Smith'sche Bewegung" organisiert Hoevel die „Versammlungen des Glaubens verschiedener Kirchen und Gemeinschaften zur Förderung in der Heiligung durch den Glauben" in Wesel. Aus diesen Anfängen formiert sich später die Evangelische Allianz. Als 63-Jähriger übernimmt Hoevel die Leitung des Bundes-Ausschusses bis 1911, als ihn James Millard ablöst. Walter Hermes nennt Hoevel 1933 einen „Brückenschläger", dem es gelingt, den Bund in eine neue Zeit zu führen.

(* 15. Oktober 1833 in Wesel, † 6. März 1916 in Wesel)

Porträts

Friedrich Wilhelm Kaiser

Millionenfach ist der Name „F.W. Kaiser" als Herausgeber zahlreicher evangelistischer Schriften gedruckt worden. Es wird nicht viele deutsche Soldaten des Ersten Weltkrieges geben, die nicht auch einmal eines seiner Missionsblätter in den Händen gehalten haben. Im Zweiten Weltkrieg werden seine Texte der „Soldaten-Mission", die auch ein Bundeswerk ist, verboten. Wiederholt hat er Konflikte mit der Gestapo. Von Haus aus Geschäftsreisender, zieht der sogenannte „Soldatenkaiser" zum Lebensende nach Essen, wo er auch Ältester der dortigen FeG ist.

(* 7. Mai 1857 in Kierspe-Bahnhof, † 27. Oktober 1945 in Essen)

Peter Wilhelm Kaiser

Von Beruf Landwirt erlebt Kaiser eine kirchliche Erweckung Mitte des 19. Jahrhunderts im Sauerland. Durch seine evangelistischen Predigten prägt er die neuen FeGs in Kierspe, Iserlohn, Halver, Schalksmühle, Bever, Lüdenscheid, Meinerzhagen, Werkshagen und im Oberbergischen. Weil er in seinen volkstümlichen Predigten häufig Lieder zitiert, ist er bald als der „Liederkaiser" bekannt.

(* 6. April 1827 in Werkshagen, † 24. Mai 1908 in Werkshagen)

Robert Kaiser

Im Jahr 1887 tritt Kaiser die Ausbildung in Neukirchen an. Seinen Wunsch, als Missionar nach Afrika auszureisen, muss er später wegen des Ausbruchs des Ersten Weltkrieges fallen lassen. Es folgen vier Jahre Gemeindedienst in den Freien evangelischen Gemeinden in Witten und Wetter, bis er Inspektor des Diakoniewerkes Bethanien wird. Als „Diakonissen-Kaiser" gewinnt er rasch das Vertrauen der Gemeinden und ihm gelingt der Ausbau von Bethanien. Lebenslang mit Friedrich Fries freundschaftlich verbunden, ist er auch von 1929 bis 1936 Vorsitzender des Aufsichtsrates des Bundes-Verlages.

(* 21. Januar 1862 in Hillesmühle bei Waldbröl, † 16. Juni 1936 in Wetter)

FeG-Porträts

Gustav Klein

Geboren und aufgewachsen im Siegerland, bekehrt sich Klein als Fabrikarbeiter 1877 in Weidenau. Als Bote des Neukirchener Missionshauses anfangs noch kirchlich geprägt, wendet er sich später dem Bund Freier evangelischer Gemeinden zu. Gustav Klein ist es, der Friedrich Fries den Anstoß für die Herausgabe des „Gärtners" gibt. Infolge seiner vollmächtigen Verkündigung und ihrer Auswirkungen steht er auch im Ruf, „Evangelist des Hessenlandes" (Heinrich Wiesemann) zu sein.

(* 25. August 1855 in Gilsbach, † 28.Oktober 1946 in Laasphe)

Friedrich Koch

Nach seiner Ausbildung am Missionsseminar der Rheinischen Mission in Barmen wird Koch 1880 zur Unterstützung Heinrich Neviandts zweiter Prediger der FeG Elberfeld-Barmen. Er betreut vor allem den Barmer Teil der Gemeinde. Ab 1881 vertritt er Neviandt als Schriftführer des Bundesausschusses, 1898 folgt er ihm kurzzeitig als Präses. Durch den Austritt der FeG Elberfeld-Barmen aus dem Bund Freier evangelischer Gemeinden kommt es zur „großen Krise im Bund" (August Jung) und Koch gibt seinen Dienst als Präses zwangsläufig auf.

(* 11. Februar 1847 in Neunkirchen, † 28. Februar 1919 in Barmen)

Adam Klumb

Als junger Landwirt verliert Klumb mit 17 Jahren seine Sehkraft. Durch Boten des Evangelischen Brüdervereins wird er mit etwa 30 Jahren Christ. Als „blinder Evangelist des Hunsrücks" kann er später selbst vielen Menschen zum Glauben verhelfen und trägt zum Entstehen der Freien evangelischen Gemeinden auf dem Hunsrück bei.

(* 25. August 1855 in Gilsbach, † 12. Juni 1906 in Reisweiler)

Porträts

Jakob Lenhard

Geboren und aufgewachsen auf dem Hunsrück, erhält Lenhard als Kind in der FeG Simmern seine ersten geistlichen Impulse. 1908 tritt er in die Allianz-Bibelschule in der Berliner Hohenstaufenstraße ein. Schon ein Jahr später übernimmt er die Leitung eines christlichen Erholungsheimes in Wolgast an der Ostsee. Es folgen Gemeindedienste in Essen, Wesel und 1911 in Schalksmühle. Nach seiner Militärzeit beruft ihn die FeG Siegen 1919 als Prediger, wo er bis zu seinem Ruhestand bleibt. Von 1933 bis 1947 ist er parallel Bundesvorsteher der Freien evangelischen Gemeinden. In den schwierigen Jahren des Dritten Reiches tritt er unermüdlich für das Überleben der Gemeinden und des Bundes ein. So hebt 1948 Wilhelm Wöhrle auch „jenes eigentümliche geistliche Fingerspitzengefühl" von Lenhard hervor, womit er „der rechte Mann zur Bundesführung" in dieser Zeit wird.

(* 30. März 1882 in Mörschbach, † 3. September 1948 in Siegen)

James Millard

Der Sohn englischer Einwanderer wird nach dem Besuch der Baseler Predigerschule Prediger in der FeG Wesel (1886–1912). 1912 wird er als Lehrer und Leiter der Predigerschule in Vohwinkel berufen. In den Jahren 1912 bis 1915 übernimmt er gleichzeitig die Aufgabe des Bundespflegers und die Leitung des Bundesausschusses. Bis 1935 bleibt James Millard, dessen Vorname in manchen Publikationen in Jakob verdeutscht wird, Rektor und bis zu seinem Tod 1938 auch Lehrer der Predigerschule. Weithin bekannt wird er durch seine Übersetzung von Spurgeons Kommentar zum Psalter, der „Schatzkammer Davids". In Erinnerung bleibt Millard bis heute durch sein Engagement für die Predigerschule. Sie, so Jakob Lenhard, lag „ihm am Herzen wie ein erstgeborenes Kind".

(*8. August 1860 in Berlin, † 25. Mai 1938 in Vohwinkel)

Adolphe Monod

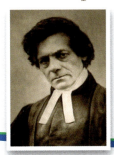

Von Haus aus reformierter Pfarrer und einer der populärsten Prediger des französischen Protestantismus im 19. Jahrhundert. In seiner Zeit als Pfarrer in Lyon (1827–1832) wird Monod wegen seiner Anschauungen über Abendmahl und Kirchenzucht seines Amtes enthoben. Er gründet daraufhin 1832 in Lyon die „Eglise libre évangélique", in der Grafe 1841 und 1842 entscheidende Anstöße für die Gründung der Freien evangelischen Gemeinde erhält. 1836 folgt Monod einer Berufung als Professor in Montauban.

(* 21. Januar 1802 in Kopenhagen, † 6. April 1856 in Paris)

FeG-Porträts

Karl Mosner

Nach dem Abschluss seiner Ausbildung an der Predigerschule in Vohwinkel wird Mosner erst Prediger der Gemeinde in Schweidnitz und später in Grünberg (beide in Schlesien). Nach dem Tod von Walter Hermes wird er 1935 als Bundespfleger berufen, 1938 übernimmt er zusätzlich die Aufgabe des Bundesgeschäftsführers. Als „Lastträger des Bundes" (Wilhelm Wöhrle) trägt er zum Neubeginn der Gemeinden nach dem Krieg entscheidend bei. Im November 1951 verunglückt Mosner bei einer Dienstreise nach der Nordseeinsel Langeoog tödlich.
(* 18. Dezember 1899 in Gelsenkirchen, † 2. November 1951)

Gustav Friedrich Nagel

Nach seiner Bekehrung besucht Nagel die Evangelische Predigerschule in Basel, wo er auch Otto Schopf und Konrad Bussemer kennenlernt. Nach einem kurzen Gemeindedienst in St. Johann an der Saar (1895–1897) wird er 1897 für 21 Jahre Prediger der Freien evangelischen Gemeinde in Siegen. 1919 wird Nagel von Friedrich Heitmüller nach Hamburg berufen. Hier übernimmt Nagel 1926 den ersten Vorsitz der Evangelischen Allianz in Deutschland. Schon 1918 hatte er die Schriftleitung des „Evangelischen Allianzblattes" übernommen. Für viele Freie evangelische Gemeinden prägend wird sein Buch „Der große Kampf", in dem er die freikirchlichen Gedanken unterstützt.
(* 19. März 1868 in Volmarstein-Grundschöttel, † 6. März 1944 in Hartenrod)

Maria Charlotte Neviandt

Als geborene Charlotte Binterim heiratet sie am 12. Mai 1857 Heinrich Neviandt. Durch ihre außerordentliche Sprachbegabung war sie imstande, die Werke von Auguste Rochat, Adolphe Monod und Alexandre Vinet ins Deutsche zu übersetzen. Durch diese Bücher wird das freikirchliche Gedankengut weiten Kreisen in Deutschland bekannt. Mit ihrem Mann Heinrich Neviandt blieb sie kinderlos, galt aber in der Gemeinde Barmen-Elberfeld als „Mutter der Gemeinde".
(* 4. Oktober 1826 im holländischen Vaals, † 3. März 1889 in Elberfeld)

Porträts

Heinrich Neviandt

Als Hilfsprediger in der Reformierten Gemeinde Elberfeld verzichtet Neviandt auf den kirchlichen Dienst aus Gewissensgründen. Nach einem halbjährigen Dienst als Reiseprediger des Evangelischen Brüdervereins wird Neviandt 1855 als erster Prediger der Freien evangelischen Gemeinden Elberfeld-Barmen berufen. Sein ausgesprochener Allianz-Sinn schafft ihm Sympathien weit über die eigene Gemeinde hinaus. 1870 wird er als Nachfolger Grafes Vorsitzender des Evangelischen Brüdervereins und 1874 erster Präses des neu gegründeten Bundes Freier evangelischer Gemeinden in Deutschland. Für die Frühzeit der Freien evangelischen Gemeinden kann er als der „bedeutendste Theologe" (August Jung) angesehen werden.

(* 1. Oktober 1827 in Mettmann, † 6. April 1901 in Elberfeld)

Engelhard Ostermoor

Seit 1891 Mitarbeiter von Friedrich Fries in der Wittener Buchhandlung, zieht er 1897 nach Berlin, um in Berlin-Charlottenburg als selbstständiger Buchhändler zu wirken. Gleichzeitig gründet er die Freie evangelische Gemeinde in Berlin-Moabit, die schon 1903 in den Bund Freier evangelischer Gemeinden aufgenommen wird. Ostermoor ist es auch, der die Impulse gibt, weitere Gemeinden im Berliner Umfeld und in Pommern ins Leben zu rufen. Im „Gärtner" aus dem Jahr 1931 wird er als „prophetischer Erwecker" charakterisiert. Seine eigene Theologie fasst er in dem Satz zusammen: „Hier kommt ein armer Sünder her, der gern ums Lösgeld selig wär." Später wird er noch Prediger in Dillenburg, wo er 1931 auch verstirbt.

(* 1865, † 6. November 1931 in Dillenburg)

Hulda Paul

Im Laufe einer Erweckung in Velbert bekehrt sich Hulda Paul im Mai 1890. Als Halbwaise löst sie sich von ihrem Vater, mit dem sie bis dahin durch Lieder in Wirtshäusern Geld verdiente. Mit ihrer angenehmen Altstimme ist sie bald eine populäre Solistin in vielen Gottesdiensten der Freien evangelischen Gemeinden. Drei Lieder von ihr finden Eingang in die „Geistlichen Lieder", dem ersten FeG-Liederbuch. Als sie schon mit 29 Jahren verstirbt, rühmt der „Gärtner" sie als eine Frau, die „durchs Kreuz zur Krone" gelangt ist.

(* 9. Juli 1873 in Velbert, † 30. Mai 1902 in Velbert)

FeG-Porträts

Ernst Pickhardt

Als Fabrikant und Mitglied der FeG Gummersbach übernimmt Pickhardt 1912 ehrenamtlich die Bundesgeschäftsführung. Seit Gründung der Spar- und Kreditbank ist er deren geschäftsführendes Vorstandsmitglied und ist ebenso für die FeG-Immobiliengesellschaft „Gemeinwohl" verantwortlich. In den Dreißigerjahren, die vom wirtschaftlichen Niedergang gekennzeichnet sind, gelingt Pickhardt eine konsolidierende Finanzführung im Bund.
(* 12. Mai 1878 in Gummersbach, † 19. Februar 1943 in Gummersbach)

Carl Polnick

Als Kaufmann begründet er in Barmen die Arbeit des Blauen Kreuzes und den Allianz-Missions-Verein. Gemeinsam mit dem amerikanischen Evangelisten Fredrik Franson ruft er 1889 die Deutsche China-Allianz-Mission ins Leben. Als assoziierte Mission der China-Inland-Mission von Hudson Taylor entsendet die Mission noch im selben Jahr die ersten drei Missionare nach China.
(* 26. April 1856 in Heinsberg, † 24. Mai 1919 in Barmen)

Walter Quiring

Als Marinesoldat im Ersten Weltkrieg zum Glauben gekommen, studiert Quiring von 1921 bis 1925 an der Predigerschule in Vohwinkel. Es folgt der Gemeindedienst in Weichersbach und Umgebung, bis er 1934 als Lehrer an das Predigerseminar berufen wird. In seiner Zeit als Rektor von 1935 bis 1961 beeinflusst er „viele Prediger des Bundes Freier evangelischer Gemeinden" (Gerhard Hörster). Neben der theologischen Ausbildung widmet sich Quiring zeitlebens dem Evangeliums-Rundfunk. Er gehört zu dessen Gründern und arbeitet über viele Jahre im Vorstand mit.
(* 5. Oktober 1898 in Frankfurt am Main, † 18. März 1977 in Dortmund)

Porträts

August Rudersdorf

Als Düsseldorfer Kaufmann und Mitglied der FeG Düsseldorf gründet Rudersdorf 1904 die Immobiliengesellschaft „Gemeinwohl", die die Grundstücksverwaltung der Freien evangelischen Gemeinden neu regelt. Seit 1907 ist er Mitglied im Bundesausschuss und später auch Vorsitzender der Allianz-Mission und der Neukirchener Mission. Ihm ist es „wesentlich zu verdanken" (August Jung), dass die Allianz-Mission ihre Heimat in den Freien evangelischen Gemeinden findet.

(* 5. Februar 1867 in Haiger, † 20. Oktober 1931 in Düsseldorf)

Peter Samanns

Als Kaufmann von Beruf gehört er zu den Gründern der FeG in Vluyn. Als charismatischer Evangelist mit der Gabe der Krankenheilung erhält er viel Zustimmung im Bund Freier evangelischer Gemeinden. 1883 wird er Mitglied des Bundesausschusses. Zu Konflikten mit der Bundesleitung und den Behörden kommt es 1884 durch seine aufsehenerregenden Evangelisations- und Heilungsversammlungen in Solingen-Merscheid. In späteren Jahren kommt es wieder zur Versöhnung.

(* 14. Juli 1844 in Schaephuysen bei Moers, † 30. April 1914 in Vluyn)

Lina Sattler

Nach ihrem Dienst als Feldpflegerin im Krieg 1870/71 entwickelt sich Lina Sattler zur freien Evangelistin. Neben den vielen Orten, in denen sie wirkt, gehen die Freien evangelischen Gemeinden in Duisburg-Beeck, in Barmen-Feldstraße und in Stuttgart auch auf sie zurück. Parallel zum evangelistischen Dienst legt sie großen Wert auf die körperliche Heilung durch Gebet und Glauben. Konrad Bussemer führt 1933 wohl gewisse Einseitigkeiten in ihrer Verkündigung auf, nennt sie aber unumwunden eine „Evangelistin voll Kraft".

(* 16. April 1849 in Lahr, † 11. Juni 1933 in Stuttgart)

FeG-Porträts

Gustav Schlechter

Von Haus aus Landwirt wird Schlechter schon als junger Mann durch seine Begabung als Prediger bekannt. Von 1881 bis 1932 ist er ohne Unterbrechung Prediger in der FeG Hückeswagen. Von hier aus wirkt er in die vielen umliegenden Gemeinden des heutigen Nordrhein-Westfalens hinein. Besondere Bedeutung kommt ihm auch in der Auseinandersetzung mit den darbystischen Versammlungen zu.

(* 9. Februar 1854 in Dabringhausen,
† 23. August 1932 in Hückeswagen)

Richard Schmitz

Ursprünglich als Büroleiter eines Rechtsanwalts tätig, wird Schmitz nach seiner Bekehrung Sekretär des Evangelischen Brüdervereins. 1896 beruft ihn Friedrich Fries als Schriftleiter des „Gärtners", der drei Jahre zuvor ins Leben gerufen wurde. Doch nach zwei Jahren muss Schmitz die Redaktion wegen wirtschaftlicher Schwierigkeiten der Zeitschrift aufgeben. Er wird Prokurist und später kaufmännischer Direktor eines Eisenwerks in Essen-Kray. Nach seinem Eintritt in den Ruhestand 1918 engagiert er sich ehrenamtlich als Lehrer an der Predigerschule in Wuppertal-Vohwinkel. Von seinen vielen Schriften, die größtenteils im Bundes-Verlag erscheinen, sind heute noch das Lebensbild Heinrich Neviandts und die Auslegung des Epheserbriefes bekannt.

(* 9. Mai 1858 in Obereipringhausen bei Wermelskirchen,
† 25. September 1945 in Wetter)

Werner Schnepper

Nach seiner Prediger-Ausbildung in Vohwinkel wird Werner Schnepper 1927 Predigergehilfe von Engelhard Ostermoor in Berlin-Tempelhof und Fürstenwalde. Nach Ostermoors Ruhestand übernimmt er die Gemeindearbeit in Tempelhof. In diese Zeit fallen Schneppers Bemühungen zur Gründung des Internationalen Bundes Freier evangelischer Gemeinden. Er besucht glaubensverwandte Gemeinden in Schweden, Norwegen, Estland und Finnland. Seit 1936 Prediger der FeG Wuppertal-Barmen ist er der einzige Delegierte beim Brüdertag 1939, der gegen die Einführung des sogenannten „Führerprinzips" im Bund Freier evangelischer Gemeinden stimmt. In den letzten Kriegstagen stirbt Schnepper an den Folgen einer Verwundung in Hamburg.

(* 4. September 1903 in Lüdenscheid, † 26. Mai 1945 in Hamburg)

Porträts

Otto Schopf

Als Kaufmann bekehrt Schopf sich in London bei einer Predigt von Charles Haddon Spurgeon. Von 1891 bis 1896 besucht er die Predigerschule in Basel, wo er durch Konrad Bussemer und Gustav Nagel die Freien evangelischen Gemeinden kennenlernt. 1896 wird er Prediger der Gemeinden Wattenscheid und Witten, 1904 gründet er das Evangelisationswerk der Freien evangelischen Gemeinden, die heutige Inland-Mission. Seit 1900 ist er Mitglied der Bundesleitung, Vorstandsmitglied des Bundes-Verlages und des Diakoniewerks Bethanien. Schopf ist der Erste in der Reihe der Freikirchen und kirchlichen Gemeinschaften, der gegen die „Kasseler Bewegung" kritisch Stellung bezieht.
(* 2. Juli 1870 in Heilbronn, † 25. Januar 1913 in St. Ludwig)

Eduard Wächter

Wächter entstammt einer alten württembergischen Pastorenfamilie. Von 1893 bis 1896 ist er Pfarrer an der deutschen Kirche in Montreux am Genfer See, von 1896 bis 1901 Pfarrer an der Frankfurter Christuskirche. In diesen Jahren wird ihm die Notwendigkeit eines „biblischen Bauplans" für den Gemeindedienst deutlich. Im Frühjahr 1901 verlässt er die Landeskirche und gründet in Frankfurt die „Christliche Gemeinde", die sich später dem Bund Freier evangelischer Gemeinden anschließt. Der zeitlebens unverheiratete Wächter legt 1935 als Siebzigjähriger seinen Dienst in die Hände seines Nachfolgers Karl Glebe.
(* 3. Juni 1865 in Leonberg,
† 20. Januar 1947 in Frankfurt am Main)

Heinrich Wiesemann

Aufgewachsen im Waldecker Land wird Wiesemann nach dem Besuch der Predigerschule in Vohwinkel neben Engelhard Ostermoor Prediger in den Berliner Gemeinden. Es folgen Gemeindedienste in der FeG Berlin-Moabit (1927–1937) und in der FeG Solingen (1937–1946). Im Jahr 1926 vertritt er die Freien evangelischen Gemeinden bei der Gründung der Vereinigung evangelischer Freikirchen (VEF) in Berlin. 1946 übernimmt er die Verantwortung für das Bundeswerk Kronberg und wird etwas später auch Lehrer für Altes Testament am dort neu erbauten Predigerseminar. Viel Beachtung findet sein Buch „Das Heil für Israel".
(* 24. Januar 1901 in Böhne, † 18. August 1978 in Ewersbach)

Ein einig Volk von Brüdern

1. Ein einig Volk von Brüdern, das ist das Volk des Herrn, verzweigt in seinen Gliedern, doch eins in seinem Kern; von oben her geboren, vom heil'gen Geist getränkt, von Gott selbst auserkoren, der liebend sein gedenkt.

2. Durch Christi Blut gereinigt von aller Sündenschuld, fühlt es sich ganz vereinigt mit ihm in seiner Huld; noch eh die Welt gegründet, schloß er es in sein Herz: Wer je dies Glück empfindet, den zieht es himmelwärts.

3. An seinem Gnadenthrone, da sammelt sich die Schar, geheiligt in dem Sohne und mit ihm offenbar; ihr Leben, hier verborgen, oft dunkel wie die Nacht, glänzt dort im lichten Morgen der Auferstehungspracht.

4. Dann ist es überwunden, was uns noch schmerzt und drückt; wir haben dann gefunden die Ruh, die uns erquickt; wir sind bei ihm in Frieden, verkläret in sein Bild, auf ewig ungeschieden und ganz von ihm erfüllt.

5. O Jesu, uns bescheine in deiner Liebe Glanz! O Jesu, uns vereine mit dir und in dir ganz! Ein einig Volk von Brüdern, das laß, o Herr, uns sein, in allen seinen Gliedern auf ewig, ewig dein!

Hermann Heinrich Grafe, 1818—1869.

Lieder

Jesus, wir sehen auf dich!

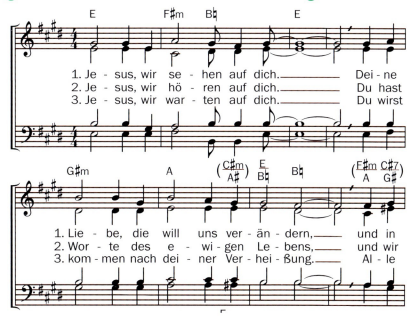

Text, Melodie und Satz: Peter Strauch 1982

© 1982 SCM Hänssler, 71087 Holzgerlingen

FeG-Adressen im Überblick

Bund Freier evangelischer Gemeinden in Deutschland

Körperschaft des öffentlichen Rechts
Goltenkamp 4, 58452 Witten
Postfach 4005, 58426 Witten
www.feg.de

Theologisches Seminar Ewersbach

Jahnstraße 49-53, 35716 Dietzhölztal
www.tse.feg.de

Inland-Mission

Goltenkamp 4, 58452 Witten
www.inland-mission.feg.de

Allianz-Mission

Jahnstr. 53, 35716 Dietzhölztal
www.allianz-mission.de

Diakonisches Werk Bethanien

Aufderhöher Str. 169-175,
42699 Solingen (-Aufderhöhe)
www.diakonie-bethanien.de

Stiftung Freie evangelische Gemeinde in Norddeutschland

Bondenwald 56, 22459 Hamburg (-Niendorf)
www.fegn.de

Bundes-Verlag GmbH

Bodenborn 43, 58452 Witten
www.bundes-verlag.de

Spar- und Kreditbank des Bundes Freier evangelischer Gemeinden eG

Postfach 4085, 58426 Witten
www.skb-witten.de

Impressum:

Ansgar Hörsting und Arndt Schnepper:
Das FeG-Buch. Perspektiven der Freien evangelischen Gemeinden

Herausgegeben im Auftrag des Bundes
Freier evangelischer Gemeinden in Deutschland

© 2004 Bundes-Verlag, Witten
3., überarbeitete Auflage 2010

Mit Beiträgen von Cornelia Breuer-Iff
Heike Escher, Wolfgang Heinrichs,
Reinhart Henseling und Klaus Kanwischer

Bildnachweis:

Archiv Bundeshaus Witten, MEV, Photodisc; Grafiken S. 45, 76, 77: Junge & Kleschnitzki; S. 6 © Norman Chan - Fotolia.com, S. 8 iStock_coopder1, S. 10 © Herbie - Fotolia.com, S. 12 Jeannette Ohrndorf/Bundes-Verlag, S. 14 iStock_eyecrave, S. 16 © hljdesign - Fotolia.com, S. 18 iStock_MKucova, S. 20 iStock_Roman Chmiel, S. 22 Jeannette Ohrndorf/Bundes-Verlag, S. 24 iStock_NickS, S. 48 iStock_alan_smithee, S.49 iStock_adl21, S. 52 Andri Peter, S. 64 Fotolia_© Franz Pfluegl, S. 66 Fotolia_© jeecis, S. 70 Fotolia_© pixhunter.com, S. 71 iStock_PippaWest, S. 74 iStock_Yuri_Arcurs, S. 78 Andreas Mang, S. 80 iStock_MissHibicus, S. 81 iStock_Digitalpress, S. 92 123rf.com_Valentin Mosichev, S. 94 iStock_CaroleGomez, S. 96 iStock_AVTG, S. 98 © p!xel 66 - Fotolia.com, S. 100 © Tjall - Fotolia.com, S. 102 iStock_kongxinzhu, S. 104 iSt_AVTG, S. 106 iStock_quickshutter

Umschlaggestaltung, Satz und Layout:
Jeannette Ohrndorf und Wolfgang de Vries, Witten
Druck: dimograf, Polen

ISBN 978-3-933660-42-8
Bestell-Nr. 208.842